JN441267

알아야 챙기는

건강보험상식

이용교 · 황복순

차례

통원과 입원 치료

건강검진

조금 특별한 급여

노인과 저소득층 지원

건강보험료와 피부양자

관련 복지제도 활용

머리말

대한민국헌법 제34조에는 '모든 국민은 인간다운 생활을 할 권리를 가진다'와 '국가는 사회보장·사회복지의 증진에 노력할 의무를 진다'고 규정되어 있습니다. 국민의 인간다운 생활을 보장하기 위해 사회보험, 공공부조, 사회서비스 등이 제도화되었고, 국민이 신청하면 받을 수 있는 복지급여가 360가지가 넘습니다. 그런데, 대부분의 복지급여는 당사자나 가족이 신청할 때만 받을 수 있습니다. 신청하지 않으면 받을 수 있는 조건이 되어도 받지 못합니다. 모든 국민이 복지상식을 높여 신청해야 하는 이유입니다.

우리나라 국민의 97%는 건강보험의 가입자이거나 피부양자이고, 나머지 3%는 의료급여 수급자입니다. 건강보험의 직장가입자는 매달 소득에 따라 건강보험료를 내고, 지역가입자는 소득과 재산에 따라 건강보험료를 내고 있습니다. 건강보험 가입자와 피부양자는 아프면 의원, 병원, 약국 등을 외래나 입원으로 이용할 수 있고, 주기적으로 국가건강검진을 무상으로 받을 수 있습니다.

그런데, 대다수 국민은 의료기관을 이용할 때 본인부담금의 비율을 잘 모릅니다. 외래의 경우 의원은 전체 진료비의 30%를 본인이 부담하고, 병원은 40%, 종합병원은 50%, 상급종합병원은 진찰비의 전액과 나머지 진료비의 60% 이상을 부담해야 합니다. 의원에서 상급의료기관으로 갈수록 진료수가도 높아지기에 큰 병원에 가면 본인부담금이 크게 늘어납니다. 입원의 경우 의료기관에 상관없이 건강보험이 적용되는 진료비의 20%를 본인이 부담하고, 비급여는 전액 본인이 내야 합니다. 상급종합병원의 입원환자는 비급여 항목이 많고, 다른 사람의 간병을 받을 경우에는 간병비도 내야 해서 경제적으로 곤란을 겪는 경우가 허다합니다.

건강보험 가입자들은 매달 건강보험료를 내지만, 건강보험의 급여를 적절하게 활용하는 방법을 잘 모릅니다. 2년에 한 번씩 무상으로 받는 국가건강검진을 받을 때도 "암 검진도 해주세요"라고 말하면 성별과 연령에 따라 6대암 검진을 무상으로 받거나 검사비의 10%만 부담하고 받을 수 있습니다. 즉, 20세 이상 여성은 자궁경부암검진이 무상이고, 50세 이상 남녀는 대장암검진이 무상입니다. 40세 이상 여성은 유방암검진을, 40세 이상 남녀는 위암, 간암검진을 무상 혹은 10% 자부담만으로 받을 수 있습니다. 국가건강검진을 받으면서도 "암검진도 해주세요"라고 말하지 않아서, 암검진을 받지 않는 사람이 적지 않습니다.

많은 사람들이 암 등 중증질환에 걸리면 치료를 걱정하는 것이 아니라, 치료비 마련을 걱정합니다. 4대 중증질환의 본인부담금은 20%에서 5%로 낮추어졌습니다. 비급여 항목과 간병비의 부담은 줄지 않았지만,

과거에 비교하여 의료비 부담은 확실하게 줄었습니다. 그래도 환자가 치료받는 기간이 길어지면 경제활동을 하기 어렵고, 가족도 간병을 하느라 생업을 포기하는 경우가 적지 않습니다. 이 때문에 환자가 꼭 필요한 치료를 받지 못하거나 조기에 퇴원하는 경우도 있습니다.

따라서, 경제적으로 어려운 사람은 복지로나 시·군·구청에 긴급복지지원을 신청하여 의료비와 생계비 등을 지원받을 수 있습니다. 병원에 있는 의료사회복지사와 상담하여 소득수준에 따라 재난적 의료비지원을 받을 수도 있습니다. 희귀·난치질환자와 암환자는 보건소에 등록하면 추가 지원을 받을 수도 있습니다. 의료사회복지사는 희귀난치병·중증 환자와 가족, 저소득자, 한부모가족, 장기이식자, 노숙인 등 다양한 욕구를 가진 사람들에게 맞춤형 도움을 주고 있습니다.

필자는 모든 국민이 건강보험을 잘 활용하도록 '알아야 챙기는 건강보험상식'을 집필하였습니다. 이 책은 국민이 건강보험을 비롯하여 의료급여, 긴급복지, 재난적 의료비 지원 등 다양한 복지제도를 잘 활용하는 방법을 안내하였습니다. 초판본에 병원에서 환자와 가족이 이용한 사례를 추가하여 개정판을 출간합니다. 전남대학교병원에서 40년간 일하며 대한의료사회복지사협회 광주전남지회장을 역임한 황복순 의료사회복지사가 직접 다룬 사례를 집필했습니다. 여기에 전남대학교병원 한아름 의료사회복지사가 최신 다룬 사례를 추가했습니다.

이 책에 쓰인 다양한 사례는 2026년 3월 27일부터 시행되는 돌봄통합지원법에 부합되어 환자와 사회복지사 등이 활용할 수 있습니다. 병원에서 환자와 가족이 이용할 수 있는 사회보장은 매우 다양합니다. 누구든지 아는 만큼 활용할 수 있고, 신청한 사람만 복지급여를 이용할 수 있습니다.

독자 여러분이 이 책을 잘 읽고 배워서 남 주는 사람이 되길 바라며, 여러분의 건강한 삶을 축원드립니다.

2026년 2월

이용교·황복순

이 책을 잘 활용하는 10가지 방법

많은 국민은 큰 질병이나 사고에 노출되면 치료를 걱정하기보다 치료비를 걱정한 경우가 많습니다. 필자는 환자와 가족이 치료비에 대한 걱정을 덜고, 치료와 생활에 집중할 수 있도록 '건강보험상식'을 잘 활용하는 10가지 방법을 제안합니다.

'알아야 챙기는 건강보험상식'은 시민이 건강보험과 관련 복지제도를 잘 활용하는 방법을 안내합니다. 누구든지 이 책을 꼼꼼히 읽으면 건강보험과 의료급여, 긴급복지 등을 활용하여 의료보장을 받을 수 있을 것입니다.

1. 이 책에 담긴 건강보험 활용 정보를 가족과 이웃을 위해 이용해 보세요

이 책을 읽으면 우리나라 건강보험의 구조와 기능을 알 수 있습니다. 건강보험료는 어떻게 산정되고, 건강보험을 통해 무엇을 어떻게 받는지를 알 수 있습니다. 건강보험공단은 보험료를 부과하고 징수할 때는 열심이지만, 피보험자와 피부양자가 건강보험을 어떻게 이용할 수 있다는 것을 체계적으로 가르쳐주지는 않습니다. 독자 여러분은 이 책을 읽고 건강보험을 잘 활용하고, 유익한 내용은 가족, 친구, 직장동료, 다른 환자와 가족에게도 널리 알려주기 바랍니다.

2. 이 책으로 나와 가족의 건강관리를 잘 할 수 있습니다

건강은 건강할 때 지키는 것이 가장 중요합니다. 20세 이상 모든 국민은 건강보험공단에서 지원하는 국가건강검진을 2년(생산직은 1년)에 한 번씩 무상으로 받을 수 있습니다. 건강검진율은 매년 조금씩 상승하지만, 청년의 건강검진율은 낮은 편입니다.

국가건강검진을 받을 때 "암 검진도 해주세요"라고 말하면 6대 암검진을 무상 혹은 10% 본인부담금만으로 받을 수 있습니다. 20세 이상 여성은 자궁경부암 검진이 무상이고, 40세 이상 여성은 유방암 검진이 무상 혹은 10% 본인부담입니다. 40세 이상은 위암 간암 검진을 무상 혹은 10%로 받고, 50세 이상 남녀는 대장암 검진이 무상입니다. 건강보험공단 홈페이지에서 건강검진 결과를 확인하고, 질병 치료, 식생활이나 운동 등을 통해 건강관리를 하기 바랍니다.

3. 이 책은 질병에 걸릴 때 병원선택에 도움을 줍니다

질병에 걸리거나 사고가 나면 어느 병원으로 갈지 판단해야 합니다. 응급상황에서 119로 전화하면 구급차는 가까운 병원으로 가는 경우가 많습니다. 고혈압, 당뇨 등 만성질환이 있거나 최근에 수술을 받은 적이 있다면 먹는 약을 보여주고 치료받았던 병원 혹은 상급종합병원으로 가는 것이 좋습니다.

환자가 의료기관으로 통원 치료하면 본인부담금이 의원은 30%, 병원 40%, 종합병원은 50%, 상급종합병원은 60% 이상입니다. 상급종합병원으로 갈수록 의료비 부담이 커지고, 비급여 항목도 적지 않기에 진료비는 늘어납니다.

입원하면 본인부담금은 건강보험으로 처리되는 전체 진료비의 20%이지만, 상급종합병원으로 갈수록 비급여가 많고, 간병비 등은 전액 환자가 부담해야 합니다. 건강 상태에 따라 어떤 의료기관에 통원 혹은 입원할지 선택해야 합니다. 무조건 큰 병원, 유명한 의사를 찾아가는 것만이 능사가 아닙니다. 큰 병원일수록 대기 기간이 길고, 그 기간에 질병은 더 나빠질 수도 있습니다.

4. 이 책은 환자가 부담할 진료비를 낮춰 줍니다

진료비계산서를 보면 건강보험급여와 비급여로 크게 나뉘고, 건강보험급여는 다시 일부본인부담, 공단부담, 전액본인부담으로 나누어집니다. 환자는 〈일부본인부담+전액본인부담+비급여〉를 내고, 간병인을 쓸 경우에는 간병비를 지불해야 합니다.

따라서 진료비를 낮추려면 가급적 건강보험급여로 치료를 받고, 전액본인부담인 검사비 등을 최소화시켜야 합니다. 본인부담한도액제도가 있기에 의료비가 많이 나오면 건강보험만으로 서비스를 받고 특정 병원을 계속 이용하면 일정액 이상이 되면 전액 보험처리를 해줍니다.

5. 이 책은 치료비 마련이 어려울 때 방법을 찾아줍니다

병원에 입원했는데 치료비가 걱정된다면 129번으로 전화하여 "치료비를 마련하기 어렵습니다"라고 말하기 바랍니다. 담당 공무원이 48시간 안에 도움 여부를 결정하고, 24시간 안에 300만 원까지 치료비를 지원해줍니다. 원무과에 치료비를 지불한 다음에는 지원이 없으니, 미리 전화하기 바랍니다.

경제적 도움이 필요하면 원무과 혹은 의료사회복지사와 상담하기 바랍니다. 재난적의료비지원제도 등을 통해 치료비를 지원받을 수 있습니다. 소아암은 치료비는 물론이고, 생활비와 아동 용돈까지 지원받을 수도 있습니다. 이 책에 소개된 사례는 병원에서 의료사회복지사가 지원한 것입니다.

긴급복지만으로 해결하기 어려우면 시·군·구청 사회복지공무원이 의료급여 수급자로 만들거나, 생계급여 수급자로 책정하여 생계비까지 지급합니다. 장애나 노령 혹은 중병으로 소득 행위를 하기 어렵다면 국민기초생활보장제도 등을 활용하기 바랍니다.

6. 암이나 치매 진단을 받았다면 보건소에 등록하세요

정부는 희귀난치병 환자의 진료비 자부담을 낮추기 위해 비급여였던 것을 급여로 포함시키고, 본인부담비율을 20%에서 10%로 낮추었습니다. 암 환자의 본인부담비율은 5%로 낮추어서 건강보험 급여 항목만으로 치료받으면 치료비는 크게 줄었습니다. 그럼에도 불구하고 희귀난치병이나 암 치료에는 비급여 항목이 적지 않고, 치료 과정에서 환자는 일을 못하고 가족은 간병하느라 생업에 전념하기 어렵습니다.

보건소에 암환자 의료비지원사업을 신청하면 성인은 200만 원까지 소아암은 3000만 원까지 지원을 받을 수도 있습니다. 소득기준이 있긴 하지만, 일을 그만 두면 건강보험료도 낮아지기에 지원을 받을 가능성이 높습니다.

아울러, 치매환자도 보건소(치매안심센터)에 신청하면 약값을 월 3만원까지 받을 수 있습니다. 보건소는 난임부부에 대한 지원사업 등 다양한 사업을 합니다. 지원사업은 자격이나 조건이 되면 받는 것이 아니라 신청한 사람 중에서 자격이 되면 예산의 범위 내에서 지원합니다.

7. 간병 부담을 줄이고 간병비를 낮출 수 있습니다

중병에 걸리면 간병 부담이 적지 않고, 가족이 간병하기 어려우면 간병인을 써야 할 경우가 많습니다. 병원 치료비보다 간병비가 더 큰 부담이 될 수도 있습니다. 간병이 불가피하다면 간호간병통합서비스를 하는 병실에 입원하는 것이 좋습니다.

일부 병원은 간병인협회와 협약을 맺어서 몇 명의 환자가 공동으로 한 간병인을 쓰기도 합니다. 시·군·구 지역자활센터는 병원과 협약하여 저소득층 환자를 위해 간병서비스를 제공하는 곳도 있습니다. 의료사회복지사와 상담하면 도움을 받을 수 있을 것입니다.

일부 자치단체는 암, 심장질환, 뇌혈관질환, 희귀질환 등 4대 중증질환으로 산정특례 대상에 해당하며 입원 치료를 받는 저소득 가구에게 간병비를 지원합니다. 신청한 사람만 받을 수 있으니 신청하기 바랍니다.

8. 실손의료보험의 가입자도 긴급복지를 받는 경우가 있습니다

병원 입원 시의 본인부담금이 적지 않기에 실손의료보험(실비보험)에 가입하기도 합니다. 일부 환자는 병원에 입원할 때 실손의료보험을 타기 위해 의료를 오남용하기도 합니다. 실손의료보험은 본인부담금의 전액을 주는 것이 아니라 일부만 줍니다.

나이가 들어 실손의료보험을 자주 이용하면 보험료가 크게 인상될 뿐만 아니라, '면책기간'에 걸려 도움을 받지 못하기도 합니다. 실손의료보험에 가입한 환자는 긴급복지에서 의료비지원을 받을 수 없는 것으로 알려져 있습니다.

그런데, 실손의료보험에 가입했더라도 '면책기간'이면 긴급복지를 받고, 실비보험으로 처리할 수 있는 금액을 넘는 것은 긴급복지 의료비지원을 받을 수도 있습니다. 병원 의료사회복지사와 상담하면 지원받을 수도 있습니다.

9. 요양병원과 요양시설을 잘 선택할 수 있습니다

노인이 아프면 요양병원에 입원할지 요양시설에 입소할지를 선택하는 경우가 많습니다. 무턱대고 "요양병원이 더 좋지 않아요?"라고 묻는 사람도 있습니다. 필자는 환자로서 치료받는 것이 중요하면 요양병원에 입원하고, 식사와 돌봄 등이 더 필요하고 약만 잘 챙겨먹으면 좋을 정도라면 요양시설에 입소할 것을 권합니다. 병원과 요양시설은 정기적으로 평가를 받고 있기에 인터넷으로 평가등급을 확인할 수 있습니다.

일반적으로 국민기초생활보장 수급자가 요양병원에 오래 입원하면 생계급여를 받지 못하거나 감액을 받습니다. 의료사회복지사와 상담하면 생계비를 일부 지원받을 수도 있고, 퇴원 뒤에 일정 기간동안 돌봄통합서비스를 받을 수도 있습니다. 정부는 돌봄통합지원을 통해 '사회적 입원'을 줄이기 위해 노력하고 있습니다.

10. 집에서 돌봄통합서비스를 받을 수 있습니다

초저출생과 수명의 증가로 초고령화는 더욱 빠르게 진행될 것입니다. 정부는 노인이나 장애인 등이 살던 집에서 돌봄을 통합적으로 지원받을 수 있도록 하는 돌봄통합지원법을 2026년 3월 27일부터 시행합니다.

요양등급을 받은 사람이나 병원에서 퇴원한 노인 등이 방문진료, 방문간호, 주거환경개선 등이 필요하면 읍·면·동 행정복지센터에 노인통합돌봄서비스(지역사회 통합돌봄)를 신청하면 됩니다. 특히, 75세 이상으로 혼자 살거나 노인부부만 살고 있는 사람은 우선적으로 지원받을 수 있습니다.

지방자치단체는 노인뿐만 아니라 장애인, 은둔청년, 가족돌봄청년, 입원 아동, 어린 자녀를 키우는 부모 등을 대상으로 맞춤형 사회서비스를 제공하고 있습니다. 당사자나 가족이 신청하면 가구의 소득수준에 따라 무상 혹은 일부 본인부담으로 받을 수 있습니다. 정부와 관련 기관, 단체, 시설 등에서 일하는 사람들이 소통하고 협력하면 효과를 키울 수 있습니다. 사회복지사를 포함하여 다양한 직업인들이 '알아야 챙기는 건강보험상식' 등 복지상식을 더 많이 알고 활용할 때 도움을 줄 수 있습니다. 모든 국민이 헌법에 규정된 '인간다운 생활을 할 권리'를 누리면 참 좋겠습니다.

건강보험 급여는 이렇게 되어 있습니다

건강보험 급여는 '가입자 및 피부양자의 질병과 부상에 대한 예방, 진단, 치료, 재활, 출산, 사망 및 건강증진에 대하여 법령이 정하는 바에 따라 현물 또는 현금의 형태로 제공하는 서비스'를 말합니다.

건강보험은 현물급여가 중심

건강보험에 가입한 사람이나 그 피부양자(주로 가족)는 대부분 현물급여를 받고, 일부 현금급여를 받을 수 있습니다. **현물급여**는 요양급여, 건강검진입니다.

요양급여는 입원진료, 외래진료, 약국으로 나누어 볼 수 있습니다. 어떤 병의원에서 진료를 받느냐에 따라 진료수가가 다르고, 진료비 중 보험처리 되는 비율이 다르기에 이용자는 잘 활용하는 것이 좋습니다.

입원진료는 요양급여비용 총액의 80%를 국민건강보험공단이 보험처리하고 20%를 본인이 부담합니다. 하지만, 컴퓨터 단층 촬영(CT), 자기공명영상(MRI), 양전자 방출 단층촬영(PET) 등 보건복지부장관이 정하는 의료장비는 본인이 전액 부담하는 경우도 있습니다. 복지부는 치료 목적상 꼭 필요한 경우(질병에 따라 사용 회수에 제한)에는 CT, MRI 등도 보험급여에 포함시키지만, 예방 목적의 검사일 때에는 본인이 검사비를 부담하도록 합니다. 입원시 식비는 50%는 보험처리 됩니다.

최근 암 등 4대 중증질환자에 대한 입원비의 자부담이 20%에서 5%로 낮아졌고, 15세 이하 아동의 입원비의 자부담도 5%로 낮아져 환자와 가족의 부담이 덜어졌습니다. 임신과 출산 그리고 영아에 대한 지원도 많이 늘었습니다.

외래진료 보험혜택은 요양기관 종류에 따라 달라

외래진료는 요양기관 종류와 소재지에 따라 달라집니다. 의원은 진료비의 70%, 병원은 60%, 종합병원은 50%, 상급종합병원은 40%를 보험처리하고, 나머지는 본인이 부담합니다.

상급종합병원(흔히 대학병원)은 모든 지역에서 일반환자 진찰료 총액+(요양급여비용 총액-진찰료총액)×60%를 본인이 부담하고, 나머지를 보험으로 처리합니다. 다만, 임신부 외래진료의 경우에는 요양급여비용 총액의 40%, 1세 미만 영유아 외래진료의 경우에는 요양급여비용 총액의 20%를 본인에게 부과합니다.

상급종합병원에서 약을 먹을 경우에는 예외환자 진찰료 총액+(요양급여비용 총액-약값 총액-진찰료 총액)×60%+약값 총액×30%를 본인이 부담합니다.

종합병원의 외래진료 시 본인부담금은 동 지역 일반환자 요양급여비용 총액×50%입니다. 다만, 임신부 외래진료의 경우에는 30%, 1세 미만 영유아 외래진료의 경우에는 15%를 본인이 부담하고 나머지를 보험처리합니다.

병원, 치과병원, 한방병원, 요양병원은 동 지역 일반환자 요양급여비용 총액×40%입니다. 다만, 임신부 외래진료의 경우에는 20%, 1세 미만 영유아 외래진료의 경우에는 10%입니다.

종합병원, 병원이 군 지역에 있는 경우에는 외래진료비의 5%를 추가로 보험처리하고 본인부담금 5% 포인트를 낮추어줍니다. 따라서 환자가 군 지역에 있는 병원이나 종합병원을 통원하면 본인부담금이 도시 지역보다는 5% 포인트 낮아집니다.

의원, 치과의원, 한의원, 보건의료원은 모든 지역 일반환자 요양급여비용 총액×30%입니다. 다만, 임신부 외래진료의 경우에는 10%, 1세 미만 영유아 외래진료의 경우에는 5%입니다.

보건소, 보건지소, 보건진료소의 경우 모든 지역 요양급여비용 총액 30%입니다.

다만, 의원과 보건소 등에서 요양급여를 받는 사람이 65세 이상이면서 해당 요양급여비용 총액이 보건복지부령으로 정하는 금액을 넘지 않으면 부령으로 정하는 금액을 본인일부부담금으로 합니다.

단골 의원을 이용하면 본인부담이 낮아짐

요양취급기관의 종류에 따라 외래 진료시 부담방식을 상당히 복잡합니다만, 의원과 보건소는 수가가 저렴하고 본인부담비율이 낮습니다.

큰 질병이 아닌 경우에 의원을 이용하면 의료수가가 낮고 보험처리되는 비율이 높기에 환자에게 이익입니다. 질병이 경미할 경우에는 집에서 가까운 의원을 이용하고, 불가피한 경우에는 병원, 종합병원, 상급종합병원 순으로 이용하는 것이 좋습니다.

약국은 전체 약값의 70%를 보험처리하고 나머지 30%를 본인이 부담합니다. 약값도 야간(오후 6시부터 다음 날 오전9시까지)에는 할증(약국 조제기본료, 조제료, 복약지도료에서 30%까지 할증 가산되고, 약값에는 할증료가 없음)이 붙기에 낮에 방문하는 것이 좋습니다.

현금급여도 있음

현금급여는 요양비, 장애인보장구, 본인부담금 상한제, 임신·출산 진료비가 있습니다. 요양비, 본인부담금 상한제는 가입자와 피부양자 모두 받을 수 있는데, 장애인보장구는 가입자와 피부양자 중 장애인복지법에 의해 등록된 장애인, 임신·출산 진료비는 임산부만 받을 수 있습니다.

요양비는 당뇨병환자 소모성 재료 구입비, 인공호흡기치료 서비스, 자가도뇨 소모성 재료, 산소치료 서비스, 복막관류액 및 자동복막투석 소모성 재료, 기침유발기 대여료 등이 있습니다. 등록된 환자가 지정된 서비스를 지원받을 수 있습니다. 예컨대, 인공호흡기 급여대상자로 등록된 환자가 의사의 처방전에 따라 공단에 등록된 업소에서 인공호흡기치료 서비스를 받을 수 있습니다. 건강보험대상자는 기준금액이나 실구입가중 적은 금액의 90%까지, 차상위 본인부담경감대상자는 전액을 지원받을 수 있습니다.

장애인보장구는 장애의 유형에 따라 받을 수 있는 보장구의 종류와 적정한 가격이 지정되어 있습니다. 당사자가 더 비싼 보장구를 살 때에는 지정된 금액만 받을 수 있습니다.

사례 장애인보장구 지원에 따른 정확한 장애등록과 혜택 보장

장00(남, 40세)은 중소도시에 살고 직장에서 일하던 중 사고로 인해 뇌출혈, 다발성 골절 등을 진단받았다. 응급실과 중환자실을 경유 일반병실에서 지내다가 퇴원 시점에 하반신 마비로 인해 걷지 못하여 휠체어 구입을 위해 지체장애로 비영구 장애등급을 받았다.

보호자가 연로하여 비영구 장애를 영구 장애로 재등록하지 않았고, 환자에게 해당되는 각각의 장애등록을 하지 못하여 혜택을 받지 못했다. 의료사회복지사의 안내로 지체장애인 등록을 하고, 추가로 시각장애, 언어장애, 뇌병변장애를 받아서 그에 해당하는 복합장애로 중증장애를 등록하여, 각 장애에 따른 장애인보조기, 보장구를 구입하고 장애인복지관을 이용하도록 했다.

사례 인공와우 수술 환아 지원

C양(여, 1세)은 선천성 감각신경성 난청으로 출생했다. 인공와우 수술

이 필요하나 가정의 경제적 여건으로 수술이 어려운 상황이었다. 주된 문제상황은 언어 발달 지연으로 조기 개입이 필요한 상황이었다. 의료사회복지사가 부모 면담을 통해 발달 상황과 경제적 여건을 파악하고, 인공와우 수술 지원기관을 탐색했다. 사랑의달팽이에서 인공와우 수술비와 재활치료비 일부를 지원받았다. 그 결과 수술 후 언어 재활치료를 병행하며 발화 능력이 점차 향상되었다. 조기 개입으로 아동의 발달 기회를 확장하고, 의료사회복지사의 중재가 아동의 장기적인 삶의 질에 영향을 미친 사례이다.

암 검진서 치료까지 '지원' 받을 수 있습니다

한국인의 사망원인 1위는 암입니다. 암은 완치율이 낮고 치료비도 많이 들기에 공포의 질병이지만 조기에 발견하면 치료율이 높아집니다. 국가는 암을 조기에 발견하여 효과적으로 치료하기 위해 **'암조기검진사업'**을 실시하고 있습니다.

의료급여 수급권자와 건강보험가입자와 피부양자 중 보험료 기준 하위 50%에 해당되는 사람은 6대 암 검진을 무상으로 받을 수 있습니다. 보험료 상위 50%에 해당되는 사람도 자궁경부암(여성), 대장암검진(남·녀)은 무상이고, 위암, 간암, 유방암, 폐암검진은 10% 본인부담금을 내면 됩니다. 성별과 연령에 따라 6대 암 검진을 무상 혹은 10% 자부담으로 받기 바랍니다.

암, 조기검진을 무상으로 받음

무상 혹은 본인부담금 10%만으로 검진받을 수 있는 것은 **6대 암**입니다. **자궁경부암**은 20세 이상 여성이 2년에 한 번, **위암**은 40세 이상이 2

년에, **유방암**은 40세 이상 여성이 2년에, **간암**은 40세 이상으로 간경변증이나 B형 간염바이러스 항원 또는 C형 간염바이러스 항체 양성으로 확인된 사람이 6개월에, **대장암**은 50세 이상이 1년에, **폐암**은 만 54세~74세로 매일 한 갑씩 30년간 담배를 피운 사람이 2년에 한 번씩 받을 수 있습니다. 태어난 해를 기준으로 홀수는 홀수 해에, 짝수는 짝수 해에 검진을 받으면 됩니다. 기간을 놓치면 다음 해에 검진을 받을 수도 있습니다. 건강보험료 상위 50%인 사람도 국가건강검진 시에는 암검진비의 90%를 보험처리 받기에 암검진을 받는 것이 좋습니다.

암검진은 전국 암검진기관(병원) 중 본인이 선택해서 받을 수 있습니다. 검진기관에 예약하면 편리하고, 검진을 받기 전날 저녁 9시 이후에 금식해야 합니다. 대장암 대상자는 전날에 대변을 깨끗한 비닐봉지에 콩알만큼 담기 바랍니다. 전날 금식을 하여 당일 아침에 대변을 보기 어렵기에 미리 준비하는 것이 좋습니다.

암환자, 보건소에 등록

조직검사 결과 암환자로 확진된 경우에는 조기에 치료를 받는 것이 좋습니다. 암환자로 등록하면 건강보험 요양급여에 대한 본인부담금을 낮추어 주고, 암치료비 지원사업과 재가암 관리사업을 받을 수도 있기에 살고 있는 지역의 **보건소에 암환자**로 등록하는 것이 좋습니다.

암치료비지원사업 등을 받기 위해서는 진단서, 건강보험료 납입확인서(건강보험가입자와 폐암환자), 통장사본, 건강보험증(혹은 의료급여 수급증) 사본, 치료비 영수증 등을 보건소에 제출해야 합니다. 암환자가 사망하였다면 사망진단서, 호적등본 등을 추가로 제출하면 사망 시점까지 치료비를 지원받을 수 있습니다.

암·희귀난치질환 등록자는 입원·외래·약국을 불문하고 등록일부터 5년간 본인부담금을 경감받습니다. 등록 암환자는 총진료비의 5%만 환자가 부담하고, 미등록시에는 외래시 총진료비의 20%를 본인이 부담해야 합니다. 암환자는 보건소에 등록만 해도 진료비를 획기적으로 줄일 수 있습니다.

암 산정특례 적용기간은 원칙적으로 등록일(또는 확진일 기준 소급)부터 5년이며, 5년이 끝나는 시점에 잔존암·전이암이 있거나 항암·방사선·호르몬치료를 계속하고 있다면 재등록을 통해 다시 5% 본인부담을 유지할 수 있습니다.

다만, 건강보험으로 처리된 진료비에 대한 본인부담금이 5%이고, 비급여 항목에 대해서는 전액 본인이 부담해야 하기에 가급적 건강보험으로 요양급여를 받는 것이 부담을 줄일 수 있습니다.

암환자 치료비를 받을 수 있음

암치료비 지원범위와 지원한도액은 치료비 중 법정 본인부담금에 대해 연간 300만 원까지(성인은 연속 3년까지), 소아(만19세 미만)는 연 최대(2,000만원~3000만원까지) 연속 지원받을 수 있습니다. 암 전이 또는 재발암, 기저질환으로 비용이 상당한 경우 등도 보건소 상담 후 포함 가능합니다. 암 치료비에는 급여·비급여 본인부담금, 조혈모세포이식, 약제비 등이 포함됩니다.

사례 소아암 환아에게 보건소 지원 이외에 민간단체와 연계하여 치료비·교통비·체류형거주시설 등을 지원

남OO(남, 10세)는 초등 3학년이고 전남 섬에서 거주하며 2녀1남 중 막내인데, 뇌종양, 림프종 진단을 받았다. 서울에서 성장하다가 가정형편이 바뀌면서 섬에서 살게 되었다. 처음엔 뇌종양으로 치료를 받았는데, 또 다시 림프종이 진단되어 자가 조혈모세포이식까지 긴 시간 치료를 받았다.

보건소 외 다양한 지원단체의 도움을 받아 치료비를 모두 지원받았다. 또한, 섬에서 광주버스터미널로 와서 시내버스를 타고 화순에 있는 병원까지 오가는데 2박 3일이 걸려 교통비, 여관비, 식비 등 많은 비용이 발생되었는데 이를 지원했다. 마스크, 항균물티슈, 1회용 장갑 등도 필요하여 민간단체의 도움으로 지원했다. 항암치료를 하면서 결과를 보고 다음 치료를 위해 자주 병원에 오가야 하는데, 치료 간격이 짧을 경우에 교통비가 문제여서 소아암환우들을 돕는 재단의 체류형거주시설에서 지내면서 생활하고 교통비도 아끼도록 지원했다. 소아암의 경우 지원단체도 많으니 병원 내 의료사회복지사와 상담하면 도움을 받을 수 있다. 이 학생은 병원학교에서 의무교육을 다 마칠 수 있었다.

사례 어린이 암환자 지원

D군(남, 9세)은 초등학생 재학중 급성 백혈병 진단 후 장기 치료가 필요한 상황이었다. 비급여 약제 사용으로 고액의 의료비가 발생하였고, 부모는 환자의 돌봄으로 일을 중단하여 생계부담이 가중된 상황이었다. 치료 기간 장기화로 의료비와 생계 부담이 가중되어 사회복지사 상담을 받도록 의뢰받았다.

주된 문제상황은 치료비 부담, 보호자의 경제활동 제한, 형제자매 돌봄 문제이었다. 사회복지적 개입은 가정 상황을 종합적으로 사정하고, 다기관 연계를 통해 중복·보완적 지원 계획을 수립했다. 보건소, 한국백혈병어린이재단, 병원 후원회 등에서 치료비를 지원받았고, 어린이재단에서 생활비와 교육비를 지원받아서 보호자는 치료에 집중할 수 있었다. 이는 다기관 연계를 통한 통합적 개입이 환자와 가족의 안정에 기여한 사례이다.

암환자, 간병 부담을 줄일 수 있음

보건소에 등록된 암환자는 환자와 가족에게 필요한 각종 정보와 서비스를 받을 수 있습니다. 암환자는 병원에 입원하거나 집에서 생활하던 필요한 정보와 서비스를 보건소에서 받는 것이 좋습니다. 암환자와 가족이 받을 수 있는 것은 **방문건강서비스**가 대표적입니다. 기본간호, 암으로 인한 증상과 통증조절을 위한 정보 제공 및 교육, 안부콜 등 환자 가족 지원, 암 관련 정보제공, 암치료비 지원 팀 연계, 복지서비스 연계 등을 받을 수 있습니다. 재가암환자는 보건소가 운영하는 건강강좌(질환·영양·운동), 야외활동 등에 참여할 수 있고, 차량봉사 등 자원봉사를 받거나 암 예방교육 등을 받을 수 있습니다.

사례 장기요양보험제도의 재가서비스 연계

이00(남, 68세)는 건강보험 적용대상자이고, 2인 가구이며 자녀는 5남매가 있다. 중소도시에 거주하는데 집에 문턱이 있어 넘어질 수 있는 불편한 일반주택이고, 주요 질병은 위암, 당뇨, 퇴행성관절염이었다.

노인부부가 살기에 불편한 주택구조이고, 배우자도 노인성질환과 고혈압, 당뇨, 심혈관질환이 있어 보호가 필요했지만, 그동안 환자의 도움으로 별일 없이 지냈다. 그런데, 환자가 위암으로 수술 후, 체중감소, 근력감소, 기력저하, 기억력저하 등이 나타나서 보호받아야 할 상황이 되어 일상생활에 심각한 문제가 발생했다. 노인부부는 살던 집에서 생활하기를 원하여 요양병원 의료진의 소견과 장기요양보험제도의 절차를 통해 장기요양 등급을 신청하여 둘 다 4등급을 받았다. 환자는 퇴원하여 장기요양제도를 통해 자신이 살던 집에서 생활하고 있다. 이 경우도 돌봄통합지원법 취지에 부합된 사례이다.

암, 조기에 진단받고 치료해야

암은 초기에 특징적인 증상이 잘 나타나지 않아서 방치되는 경우가 많습니다. 암발생율이 높아지는 40세 이후가 되면 **국가암조기검진사업**에 적극 참여하여 암에 대한 공포에서 벗어나기 바랍니다. 암검진은 신뢰할만한 병원을 지정하여 주기적(대체로 2년, 대장암 1년)으로 꾸준히 받는 것이 좋습니다. 6대 암검진비에 대한 건강보험의 지원은 90%까지 확대되었고, 의료급여 수급자와 건강보험료 하위 50%에 해당자는 무상이므로 꼭 검진을 받기 바랍니다.

국가의 지원은 건강보험으로 처리된 진료비 본인부담금과 비급여 본인부담금을 포함하지만 비급여 항목은 본인이 전액 부담해야 하기에 가급적 건강보험으로 치료를 받는 것이 좋습니다.

암환자에 대한 지원이 늘어나더라도 예방만큼 좋은 것은 없습니다. 흡연은 폐암을 비롯하여 많은 암의 원인이 되고, 과도한 음주와 스트레스, 비만도 암을 불러일으킵니다. 금연, 금주, 스트레스관리, 운동을 통한 체중관리는 암예방에 큰 도움을 줍니다. 신선한 채소와 과일에는 암을 퇴치하는 성분이 들어있습니다. 브로콜리, 양배추 같은 채소는 항암효과가 있고, 버섯은 면역력 증강에 큰 도움을 주기에 자주 먹으면 좋습니다. 규칙적인 운동과 바른 식생활로 암을 예방하고 조기검진을 통해 암발견시 제때에 치료합시다.

사례 의료급여 수급자의 보건소 암환자의료비지원

손00(남, 40세)는 의료급여 1종이고 노모와 사는 2인가구이며, 면단

위 거주하고 실비보험이 있었다. 과거 직장에서 사고로 인해 뇌출혈, 뇌병변경증장애인으로 기초생활보장 수급자이고, 국가건강검진 중 대장암을 진단받았다.

치료과정은 선항암후 수술하였고, 장루상태가 되었고 이후 복원 수술을 앞두고 있었다. 장루 관련 소모품은 지원되지만, 물티슈 등 지원되지 않는 소모품이 필요하고 장시간 병원생활을 하면서 기초수급비에서 일부 중복으로 생계비 지원이 삭감되어 경제적 어려움을 호소했다. 상담 결과 보건소암환자의료비지원을 안내받았지만, 실비가 있어 해당되지 않은 줄 알고 신청하지 않았다. 이에 보건소암환자의료비지원 대상자에 해당된다는 것을 안내하여 경제적 어려움을 해결하였다. 우리나라 지원제도는 중복이 안되지만, 의료급여 및 차상위의료급여의 경우 실비 가입자도 보건소암환자의료비지원을 받을 수 있다. 또한, 국가유공자 의료급여 수급자도 보건소의 암환자의료비지원금을 받을 수 있다.

소아암 환자 등은 병원학교에 다님

우리나라는 중학교까지 의무교육이기에 치료 때문에 결석하게 되어 의무교육을 다하지 않으면 아동 방임에 해당됩니다. 이에 계획된 치료도 받고 학업을 유지하기 위해 본 학교에 갈 수 없을 경우에 병원학교에서 수업일수를 채워 의무교육을 마칠 수 있게 상급종합병원에는 병원학교가 있습니다. 병원학교에는 병원학급으로 파견된 초등·중등교사가 근무하고, 매달 학교수업에 대해 회의하는데 의사, 간호사, 의료사회복지사, 병원학교 교사, 학부모가 참여하여 소아암 환아들의 건강 상황에 맞는 수업진행을 논의하고 수업방향을 잡아갑니다.

사례 병원학교 도움으로 학업을 유지하고 대학까지 진학

남00(남, 15세)은 중학교 2학년 때 백혈병 진단을 받았다. 3년 2개월 동안 계획된 치료 시 본 학교에 갈 수가 없어서 병원학교에서 공부하였다. 학생들은 모두 빡빡머리여서 서로 자유롭게 병원학교에서 만큼은 웃을 수 있어서 사춘기를 잘 넘겼다. 그는 중학교 수업을 받았고, 고등학교 때까지 치료가 지속되었다. 그때는 병원학교에서 동생들도 돌보고 자신의 경험담도 얘기하면서 컨디션이 좋을 때 병원학교에서 공부하였고, 서울에 있는 대학에 진학했다. 매년 12월에는 소아암 환우들에게 그동안 치료하여 건강해졌다는 것을 기념하고 축하하기 위해 소아암 완치잔치를 개최한다. 소아암을 극복하고 자신이 원하는 중학교, 고등학교, 대학까지 진학한 학생들이 많다. 이때 위 학생을 초대하여 다른 학생들에게 귀감이 되도록 장학금을 전달했다.

중증질환부터 예비급여로 본인부담이 낮아졌습니다

환자는 병원이나 의원에 가면 진료비를 냅니다. 진료비는 건강보험이 적용되는 것과 그렇지 않는 비급여가 있습니다. 건강보험이 적용되는 급여는 외래와 입원에서 본인부담비율의 차이가 있습니다. 환자가 병의원을 외래로 이용하면 진료비의 30%(의원), 40%(병원), 50%(종합병원), 60% 이상(상급종합병원)을 부담해야 합니다. 입원하면 건강보험이 적용되는 진료비의 20%를 환자가 부담합니다. 환자는 건강보험 급여 중 본인부담분과 비급여 진료비를 내야 합니다.

과거 국민건강보험이 적용되지 않았던 일부 항목에 대해 2014년부터 예비급여가 도입되어 환자의 본인부담금이 줄었습니다. 어떤 항목이 '예비급여'가 적용되는지를 알아두면 의료기관 이용에 큰 도움이 됩니다.

희귀질환에 예비급여가 적용되기 시작

진료행위에 대한 국민건강보험의 수가는 표준화되어 있습니다. 환자의 수가 적고 진료행위가 별로 이루어지지 않는 희귀(난치)질환은 건강보험이 적용되지 않을 수도 있습니다. 이러한 질병은 건강보험 수가가 적용되지 않기에 환자는 일반수가로 높은 진료비를 부담할 수밖에 없었습니다. 일반수가는 병원마다 차이가 있고, 대체로 건강보험 수가의 150% 내외입니다.

경제적으로 부담을 느끼는 국민은 암·뇌질환·심장병·희귀(난치)질환 등을 대비하여 '암보험'이나 '실손 의료보험'에 가입하는 등 자구책을 세우고 있습니다. 이 때문에 국민은 매월 국민건강보험공단에 건강보험료를 내고 별도로 '사보험'에 가입하여 이중의 부담을 지고 있습니다.

이러한 문제를 해결하기 위해 국가는 암·뇌질환·심장병·희귀(난치)질환 등 이른바 **'4대 중증 질환'**에 '선별급여(현재는 예비급여)'를 도입했습니다. 4대 질환의 수술·검사나 치료용 재료 중 건강보험이 적용되지 않았던 50가지를 골라 '선별적으로 건강보험급여'(선별급여)로 전환했습니다. 복지부는 2016년 7월 이후엔 다른 질환의 검사 세 가지를 포함했고, 점차 전체 질환으로 확대시켰습니다.

일반적으로 예비급여가 적용되면 비보험 진료일 때에 비해 진료수가가 낮아집니다. **비보험 진료**는 의료기관이 임의로 가격을 정하여 병원마다 가격이 다르고 쉽게 오릅니다. 그러나 예비급여가 적용되면 정부가 일반수가의 50~70% 선으로 진료수가를 낮춥니다. 진료행위에 대해 건강보험이 적용되면 매년 보험수가가 정해지지만, 일반수가는 통제밖에 있기 때문입니다.

일부 진료에서 모든 질환으로 확대

예비급여는 당초 선별급여라고 불렸고, 이는 국민건강보험법에 명시되어 있는 '선별급여'에서 시작되었습니다. **'선별급여'**는 건강보험법상 "요양급여를 결정함에 있어 경제성 또는 치료효과성 등이 불확실해 그 검증을 위해 추가적인 근거가 필요하거나, 경제성이 낮아도 가입자와 피부양자의 건강회복에 잠재적 이득이 있는 등 대통령령이 정하는 경우에는 예비적인 요양급여인 선별급여로 지정해 실시할 수 있다"에 근거합니다. 예비급여는 건강보험에서 일부만 지원하기에 본인부담상한제 적용에서 배제되고, 관련 전문가들로 구성된 급여평가위원회 평가와 건강보험정책심의위원회 심의를 거쳐 보험급여를 고시하게 됩니다.

모든 질병은 원인이 다양하고 그 치료방법도 다양하지만, 의료계는 특정 질병에 대한 치료에 대해 대체적인 합의가 있습니다. 의료계에서 합의한 치료방법은 국민건강보험법령에 의거하여 보험급여로 포함됩니다. 그런데, 시간이 갈수록 치료방법이 새롭게 등장하기에 치료에 필수적인 의료와 비필수적인 의료가 혼재되고, 비필수적 의료는 아직 보험수가가 적용되지 않아 환자의 부담이 커집니다. 환자는 필수적 의료와 비필수적 의료를 판단하기 어렵고, 병의원을 운영하는 사람은 일반수가를 적용받는 비필수 의료행위를 할 때 더 많은 수익을 얻을 수 있어 그 방법을 권장할 수도 있습니다.

따라서 그동안 건강보험이 적용되지 않던 비보험 진료 중에서 비용 대비 효과가 높지는 않지만 필요성은 어느 정도 인정되는 분야부터 '예비급여'를 적용하고 있습니다. 가격 대비 성능인 '가성비'가 다소 떨어지지만 '치료 가능성이 상대적으로 높은' 환자는 50%를, 이보다 낮으면 80%를 환자가 냅니다. 국민건강보험공단은 향후 3년 정도 예비급여를 시행해 본 뒤 치료 효과나 환자 편익이 높으면 20%만 부담하는 필수급여로 전환하기로 했습니다.

2016년 11월 기준 예비급여 등재 현황을 보면 의료행위 18항목(뇌자기파 지도화 검사, F-18 플루오리드 뼈 양전자단층촬영 등), 의료행위+치료재료 11항목(캡슐내시경 검사, 유방재건술), 치료재료 18항목(혈관 중재적 시술 후 지혈용, 수술 후 유착방지용) 등 47항목입니다. 정부는 10%가 넘는 비급여를 2016년까지 필수급여(95.7%)와 예비급여(3.6%)를 통해 0.7%까지 낮추기로 했습니다. 필수적 의료는 모두 급여화하고 비필수적인 의료는 치료효과와 사회적 수요를 고려해 선별급여(예비급여)로 지정하여 국민의 의료비 부담을 줄이려는 것입니다.

예비급여로 환자의 부담이 크게 줄어듦

예비급여는 질병의 치료에 도움을 주고 삶의 질을 높여주기도 합니다. 유방암의 치료는 완치율은 높지만 유방을 절제하고 도려내는 경우도 있기에 흔적을 남기기 쉽습니다. 이 때문에 유방암 수술을 한 여성들은 수치심으로 대중탕에도 가지 못한다는 경우가 적지 않았습니다.

유방 재건수술을 받으면 되는데 1500만원이 넘는 비용으로 엄두도 못내는 경우가 적지 않았습니다. 그런데, 유방 재건수술은 2015년부터 예비급여가 적용되어 400만원 수준으로 낮아졌습니다. 재건수술을 받은 한 여성은 "수술 전엔 노출을 해야 하는 찜질방 모임 등에 갈 엄두를 못 냈지만 지금은 위축되거나 우울하지 않다"고 말했습니다. 예비급여가 적용되면서 유방 재건 수술 환자가 크게 증가했습니다.

예비급여는 처음 도입된 2014년 7월부터 2018년 5월까지 총 63항목(의료행위 40항목, 치료재료 24항목)이 등재됐고, 이후 '문재인 케어'를 통해 사실상 모든 질환으로 확대되었습니다.

희귀난치질환은 산정특례를 확인하세요

고서병, 터너증후군, 파킨슨병 등 이름도 생소한 희귀병과 잘 낫지 않는 난치병으로 고생하는 사람들이 적지 않습니다. 희귀난치성 질환은 치료비도 많이 들기에 환자와 가족의 고통이 큽니다. 정부는 이들의 의료비를 줄여주기 위해 2009년 7월부터 '**희귀난치질환 산정특례제도**'를 만들어 건강보험 진료비의 본인부담금을 10%로 낮추었습니다. 일반환자의 건강보험 본인 부담률(20~60%)보다 훨씬 낮아서 의료비 부담을 크게 덜 수 있습니다.

희귀난치질환의 종류

희귀난치질환은 희귀질환과 난치성질환의 합성어입니다. **희귀질환**은 고셔병, 근육병(진행성근이영양증, 염증성근질환), 부신백질이영양증, 요붕증, 알포트증후군, 중증근무력증, 유전성혈전증, 클라인펠터증후군, 터너증후군, 윌슨병, 포피리아, 만성염증성장질환(궤양성장염, 크론병), 다발성경화증, 신생아담도폐쇄증, 혈우병 등입니다.

한편, **난치성 질환**은 알츠하이머병, 근위축성측색경화증, 다발성경화증, 혈우병, 전신성홍반성낭창, 다제내성결핵, 진폐증, 파킨슨병, 만성신부전증, 근육병(진행성근이영양증, 염증성질환), 고서병, 부신백질이영양증, 백혈병, 만성염증성장질환(궤양성장염, 크론병), 재생불량성빈혈 등을 들고 있습니다.

사례 희귀질환 중 간병비 지원

소00(여, 30세)는 교사로 근무 중 중증근무력증을 진단받았다. 발병 2년 후 강의를 해야 하는데, 서 있을 수 없어 학교에서 퇴사했다. 노부모가 환자 간호 중 점점 더 강직이 심해서 간호하기에 너무 힘들어서 장애진단과 재활치료를 위해 병원에 왔다. 지체장애 중등장애에 등록됨에 따라 간병비 지원 대상자에 해당되었다. 환자와 가족은 재활치료를 하기 위한 교통비로 사용하겠다고 매우 좋아했다. 간병비 월 30만원을 더 빨리 받았더라면 좀 더 적극적인 재활치료를 해서 기능이 좋아졌을 것이라며 아쉬워 하면서도 이런 좋은 제도에 대해 감사했다.

희귀난치질환 산정특례제도의 도입

건강보험가입자 중 담당의사로부터 희귀질환자로 확인받은 자로서 본인일부부담금 산정특례에 관한 기준에 의해 희귀질환 산정특례 대상 142

종 질환군에 해당하는 사람은 담당의사가 자필 서명한 '**건강보험 산정특례 등록 신청서**' 1부를 의료기관이 신청하거나 대상자가 건강보험공단에 신청하면 됩니다.

보건복지부는 전문가들의 의견을 수렴하여 희귀난치질환을 꾸준히 확대시키고 있습니다. 2015년 12월부터는 선천성 심장질환 12종을 특례대상 희귀질환으로 지정하여 약 6800명에게 추가 혜택을 주었습니다. 희귀질환 산정특례 확대로 연간 25억 7000만 원~33억7000만 원의 보험재정이 추가로 소요되고, 그동안 고비용을 부담하던 희귀질환 특례 사각지대가 상당히 해소되었습니다.

극희귀난치질환 산정특례 확대

또한, 보건복지부는 그동안 질병코드가 없거나 진단이 불분명하여 특례에서 제외되었던 극희귀질환과 상세불명 희귀질환에 대해 산정특례 확대 방안을 마련하였습니다. **극희귀질환**은 희귀질환 중에서도 환자가 200명 이하로 그 수가 매우 적거나, 질병 코드가 없는 희귀질환이고, **상세불명 희귀질환**은 꾸준한 진단 노력에도 불구, 병명을 확정 짓지 못하거나 진단이 불명확한 희귀질환입니다.

이제까지 희귀질환은 진단 기준이 비교적 명확한 질환에 대해서 특례를 인정하였기에 유병률이 극히 희박한 극희귀질환자와 진단이 어려운 희귀질환자는 특례에서 제외되었습니다. 이러한 환자들은 다수의 진단방법과 치료법을 동원하느라 고액 의료비가 발생하는 문제점이 있었습니다.

보건복지부는 '**극희귀질환자 특례 코드**'를 신설하여 극희귀질환을 진단할 수 있는 특정 요양기관을 통해서 산정특례 등록을 할 수 있도록 하고, 진단이 명확하지 않은 환자는 질병관리본부내 국내 희귀질환 전문가로 구성된 '**희귀질환 전문가 위원회**'를 통해 환자별로 임상 경과에 대한 심사를 실시하여 상세불명 희귀질환에 부합할 경우 특례를 부여하기로 하였습니다.

특정 요양기관은 희귀질환 특수 클리닉 또는 협진체계를 갖추고, 유전 상담이 가능한 5년 이상의 전문의가 상근하는 종합병원급 이상의 요양기관입니다. 이러한 조치로 연간 최대 약 1~1만8000명의 극희귀질환자와 상세불명 희귀질환자가 혜택을 받을 수 있습니다.

건강보험공단은 2017년 6월부터 색소실조증, 동형접합 가족성 고콜레스테롤혈증, 알스트롬 증후군, 알렉산더병, 어린선(선천성 비늘증) 등 23종의 극희귀질환(상병 일련번호 45~67번)을 '희귀질환 산정특례'의 적용대상으로 추가한다고 발표했습니다. 이로써 희귀질환 산정특례 대상으로 등록된 극희귀질환은 66종으로 큰 폭으로 늘었습니다.

희귀난치질환자의 불편 지속

2015년 12월에 제정된 **희귀질환관리법**은 환자 치료, 관리보다는 연구개발, 등록 통계, 전문기관 지정 등 인프라 확충 등에 집중돼 있어 정작 희귀질환 환자들은 소외를 받는다는 비판이 있습니다. 특히 **희귀질환 치료제**가 급여 적용을 받지 못하면 본인이 치료비 전액을 부담해야 합니다. 국내에서 허가된 희귀 의약품 239개중 약 40%는 여전히 본인부담금이 100%입니다.

희귀질환 특성상 평생 앓는 질환임에도 불구하고 5년마다 산정특례 재등록을 해야 합니다. 치료과정에서 질환이 호전되면 등록이 불가능하거나 환자의 수, 연령, 보험 급여 횟수 등에 따라 재등록이 어려워 의료계, 환자, 제약업체들이 난감해 합니다. 예컨대, 희귀질환 유병인구가 2만 명을 기준으로 하여 류마티스관절염이 산정특례에서 제외될 수도 있다는 소문에 관련 학계와 업계가 특례 적용이 제외되지 않도록 해 달라고 요구하고 있습니다.

희귀난치 질환의 예방 대책

희귀질환의 약 80%가 유전질환으로 국내에서도 신생아 선별 검사를 도입해 희귀질환에 대응하지만 선진국에 비해 스크리닝 항목이 적은 것이 문제입니다. 미국의 경우 60개 질환에 대한 유전검사를 의무화하고 있지만 한국은 미국의 10%인 6개 질환에 한정돼 있습니다. 관련 의학계는 폼페병, 고셔병 등의 '리소좀축적질환'과 같이 조기 진단 후 치료받을 수 있는 질환들도 선별검사에 포함되어야 한다는 주장을 펴고 있습니다.

한편, 제약업계 관계자는 희귀질환 환자들의 피부에 와 닿는 혜택으로 돌아가기 위해서는 규제의 완화가 좀 더 필요하다고 합니다. 희귀질환 관리 종합 계획 등에 새로운 정책이 더해지기 어려운 상황이라면 기존의 급여 평가 과정이나 기준을 좀 더 완화시켜 급여를 늘려야 한다는 것입니다. 단순한 약제비의 지원을 넘어선 환자 지원 프로그램이 좀 더 개발되어야 합니다.

희귀질환자의 의료비 감액

정부는 2019년부터 희귀 질환자 의료비를 더 줄였습니다. **희귀질환자 의료비지원사업** 대상질환을 1,038개로 확대해 기준 중위소득 120% 이하의 희귀질환 유병 건강보험 가입자에게 의료비 본인부담금(산정특례 10%)을 지원합니다. 일부 중증질환(95개)자에게 간병비도 지원합니다. 조기진단을 통해 적절한 치료를 받을 수 있도록 '희귀질환자 유전자진단지원' 대상 질환을 확대했습니다.

2022년 12월에 질병관리청은 42개 질환을 국가관리대상 희귀질환으로 신규 지정했다고 밝혔습니다. 새롭게 지정된 희귀질환은 선천녹내장, 다낭성 신장, 보통염색체우성, 블룸증후군, 가족성 흉부 대동맥동맥류 및 박리, 갈로웨이 – 모왓 증후군, 뇌 – 폐 – 갑상선 증후군, 대결절성 부신증식증, 대뇌 – 안구 – 치아 – 귀 – 골격 이상 증후군, 마이어 증후군 등이다. 이로써 국가관리대상 희귀질환은 기존 1,123개에서 1,165개로 늘어났습니다.

한편, 질병관리청은 2025년 11월에 희귀질환 신규 지정 심의를 통해 75개 질환을 추가 지정함으로써 국가관리대상 희귀질환은 1,314개(2024년)에서 1,389개(2025년)로 확대됐습니다.

사례 보건소 희귀질환의료비지원 등록 시 혜택

희귀난치성질환지원은 크게 현물지원과 현금지원이 있다. 현물지원은 요양급여본인부담금, 보조기기본인부담금, 기침유발기대여료 등이다. 현금지원은 간병비로 월 30만원(100개 질환, 장애의 정도가 심한 지체 또는 뇌병변장애인), 특수식이구입비(식품유형별 조건 다름, 연 168만원~360만원)이다. 재산소득기준에 해당자에 한한다. 신청방법은 거주지 관할 보건소에서 희귀질환등록(산정특례)이고, 준비서류를 가지고 신청하기 바란다.

첨부된 사례의 의료비 내역은 급여항목으로 본인부담금(A) 8,655,814원, 공단부담금 82,250,900원, 전액본인부담(B) 75,456원, 선택진료비이외(C) 1,140,460원이고, 진료비총액은 92,122,630원이다. 환자 본인부담액은 건강보험가입자는 급여 본인부담금(A, 20%)+급여 전액 본인부담금(B)+비급여(C)이고, 산정특례적용대상자는 급여 본인부담금(A, 10%)+급여 전액 본인부담금(B)+비급여(C)이며, 희귀질환자의료비지원 대상자는 급여 전액 본인부담금(B)+비급여(C)이다(상급병실입원료 등 일부 항목은 제외). 사례로 든 환자가 보건소에 등록된 '희귀질환자의료비지원 대상자'가 되면 진료비총액 92,122,630원 중에서 1,215,856원(전체의 1.3%)만 내면 된다.

□외래 ☑입원(□퇴원 □중간)진료비계산서·영수증 (환자보관용)

환자등록번호	환자성명	진료기간	야간(공휴일) 진료 □야간 □공휴일
			영수증번호(연월 일련번호)

항목		급여: 일부본인부담 본인부담금 (A)	급여: 일부본인부담 공단부담금	급여: 전액본인부담 (B)	비급여: 선택진료비	비급여: 선택진료비 이외 (C)
기본항목	진찰료	153,253	4,557,427			
	입원료 1인실					
	입원료 2-3인실					
	입원료 4인실이상	1,358,224	36,946,076			
	식대	774,675	1,032,075			
	투약및조제료 행위료	28,833	331,463			
	투약및조제료 약품비	49,512	534,476			23,314
	주사료 행위료	129,605	1,463,491			39,860
	주사료 약품비	133,013	1,558,197			683,126
	마취료					
	처치및수술료	1,637,313	17,943,365			
	검사료	1,279,923	13,442,164	65,156		
	영상진단료	65,877	925,676			
	방사선치료료					
	치료재료대	174,784	1,985,309	10,300		384,060
	재활및물리치료료	41,034	369,246			
	정신요법료					
	전혈및혈액성분제제료					
선택항목	CT진단료	25,732	231,584			
	MRI진단료					
	PET진단료					
	초음파진단료	2,694	24,242			
	보철·교정료					
	제증명료					10,100
	[illegible]	2,801,342	906,109			
	기타					
	정액수가(요양병원)	A		B		C
	포괄수가진료비					
합계		8,655,814	82,250,900	75,456		1,140,460
상한액초과금						
선택진료신청		사공단부담분	2,387,470 □유	□부		
접수 및 수납시간						

금액산정내용	
진료비총액 ⑦ (①+②+③+④+⑤)	92,122,630
환자부담총액 ⑧ (①-⑥)+③+④+⑤	7,484,260
이미 납부한 금액 ⑨	7,484,260
납부할금액 ⑩ (⑧-⑨)	
수납금액 ⑪ 카드	
현금영수증	
현금	
간병비	
합계	
미수금 ⑫	
기관미수금 ⑬	
감면금액 ⑭	
미납부잔액 (⑧-(⑨+⑪+⑫+⑬+⑭))	
보관금	
카드종류	
회원번호	
유효기간	
가맹점번호	
승인번호	
할부기간	
사용금액	

위의 금액을 정히 영수합니다.

2023 년 09 월 02 일

항시 치료를 요하는 중증환자의 종합소득세 또는 연말정산시 혜택

암환자, 희귀질환자 등 항시 치료를 요하는 중증환자의 경우는 종합소득세 신고 및 연말정산시 세금감면을 받을 수 있습니다. 필요한 서류는 장애인증명서이고, 혜택은 1인당 연 200만원이며, 발급처는 치료받고 있는 병원(의사, 치과의사, 한의사)입니다. 관련법은 소득세법 제51조(추가공제) 제1항2호 및 같은 법 시행령 제107조 제1항(장애인의 범위)입니다.

사례 후원기관 연계로 심장수술비 지원

A군(남, 20세)은 선천성 심장질환 진단을 받고 지속적인 치료가 필요했다. 보호자는 일용직 근로자로, 소득이 불안정하여 고액의 수술비 마련이 어려운 상황이었다. 담당 의료진이 경제적 사정으로 치료가 지연될 가능성이 높다고 판단하여 의료사회복지사에게 의뢰하였다.

주된 문제상황은 심장수술이 필요하나, 수술비 부담으로 치료를 연기하면 위험하고, 보호자의 심리적 불안으로 치료를 포기할 가능성이 높았다. 의료사회복지사는 보호자 면담을 통해 가정의 소득, 부채, 생활 여건을 종합적으로 사정했다. 외부 후원기관 연계 가능성을 검토하여 지원 절차를 안내했다. 한국심장재단과 밀알복지재단에서 수술비의 일부를 지원받았다. 그 결과 대상자는 적기에 수술을 받았고, 수술 후 경과도 양호하였다. 보호자는 경제적 부담이 완화되어 치료에 전념할 수 있었다. 의료사회복지사가 환자의 경제적 장벽을 완화함으로써 치료 접근성을 높이고, 생명과 직결된 의료서비스의 연속성을 확보한 사례이다.

사례 심실보조장치(VAD) 환자에 대한 사회복지사의 평가

B씨(남, 52세)는 말기 심부전으로 진단받아 장기간 약물치료를 받아왔으나, 심장기능이 지속적으로 저하되어 생명 유지를 위한 적극적 치료가 필요한 상태였다. 의료진은 심장이식 대기 중 교량 치료

(bridge therapy)로서 심실보조장치(VAD) 삽입을 권고했다. VAD 삽입은 고가의 의료기술로, 모든 환자에게 자동으로 건강보험 급여가 적용되는 항목은 아니었다. 의료진은 환자의 임상적 상태뿐 아니라 장기 치료 지속 가능성, 가정의 돌봄 여건, 사회·경제적 지지체계 등을 종합적으로 검토할 필요가 있다고 판단하여 의료사회복지사에게 평가를 의뢰했다.

주된 문제상황은 환자와 가족은 VAD 삽입이 전액 비급여일 가능성이 높다고 인식하여 치료를 포기하려는 의사를 보였다. 장기 치료에 따른 경제적 부담과 간병 문제에 대한 불안이 크고, 제도 적용 여부에 대한 정보 부족으로 치료 결정이 지연되었다. 이에 의료사회복지사는 단순한 경제 상담을 넘어, 환자의 치료 순응도 및 장기 치료 지속 가능성, 가족의 돌봄 제공 가능 여부와 사회적 지지체계, 가구의 경제적 상황 및 의료비 감당 가능성, 심장이식 가능성 및 장기 치료 경과에 대한 이해 수준, 요건 충족 여부 및 건강보험 급여 적용 타당성 등을 종합적으로 평가했다.

사회복지사는 평가 결과를 토대로 의료진과 협의하여 다음과 같이 개입했다. 즉, VAD 삽입이 모든 환자에게 자동으로 급여 적용되는 것이 아니라 사회복지사의 종합 평가와 의료진의 판단을 통해 급여 적용 가능성이 검토되는 구조임을 설명했다. 건강보험 급여 적용 시 본인부담 구조와 비급여 항목의 차이를 구체적으로 안내하고, 장기 치료 시 본인부담상한제 등 제도 활용 가능성을 설명하여 경제적 불안감을 완화시켰다.

사회복지사의 평가 내용은 의료진과 공유되었으며, 이를 바탕으로 VAD 삽입에 대한 건강보험 급여 적용 가능성이 검토되었다. 그 결과, 환자는 급여 적용을 받아 수술을 진행할 수 있었고, 과도한 경제적 부담 없이 치료를 지속할 수 있는 기반이 마련되었다. 환자와 가족은 치료에 대한 불확실성과 두려움이 감소되며, 장기 치료에 대한 심리적 준비를 했다.

임신, 출산 관련 지원제도를 활용합시다

결혼하고 아이를 갖길 원해도 임신이 되지 않는 부부가 늘고 있습니다. 몇 년을 기다려도 임신이 되지 않으면 산부인과 전문병원에서 진단을 받고 인공수정이나 체외수정을 시도하는 경우가 적지 않습니다.

난임부부 시술비 신청

난임부부는 여러 차례 시술을 받아야 임신에 성공하는 경우가 많은데, 상당한 시술비 등으로 임신을 포기하는 부부도 있습니다. 정부의 **난임부부 시술비 지원사업**은 난임부부에게 시술비를 지원하여 경제적 부담을 줄이고 출산율을 높이려는 것입니다.

체외수정 시술 등 특정 치료를 통해서만 임신이 가능한 일정 소득이하 부부가 신청하면 시술비를 지원받을 수 있습니다. 법적 혼인상태에 있는 난임부부와 사실혼 부부(동거 사실이 확인되면 대부분 인정)로서 접수일 현재 부인 연령은 제한이 없고 의사에게 난임 진단(난임진단서)을 받아 시·군·구와 보건소에 신청하면 지원을 받을 수 있습니다. 예전에는 소득 기준이 있었지만 현재는 소득 기준이 없습니다.

부인의 연령에 상관없이 인공수정(시술비 중 일부와 전액 본인부담금), 체외수정(신선배아, 동결배아 등), 배아 동결·보관료 일부 지원을 포함하여 총 25회(체외수정 20회, 인공수정 5회)까지 지원받을 수 있습니다. 시술 단계에 따라 지원금액이 조금씩 달라지고, 직접 본인부담금과 비급여 일부까지 지원 범위가 확대되었습니다.

난임부부는 건강보험과 별도로 지방자치단체의 '난임부부 지원사업'을 추가로 활용할 수 있습니다. 전남의 경우 지원 횟수를 모두 소진한 난임부부를 위해 최대 150만 원을 소득 및 횟수 제한 없이 지원합니다. 또한, 가임력 보전을 위해 난자 냉동을 원하는 여성에게 '냉동 난자 지원'으로 최대 200만 원, 냉동한 난자를 이용해 임신 시술을 할 때 '냉동 난자 보조 생식술 지원'으로 부부당 최대 200만 원씩 지원합니다. 다른 지방자치단체도 유사한 사업을 시행하니 필요한 사람은 살펴보기 바랍니다.

긴급복지 해산비 지원

생계를 잇기 어려운 위기상황에 놓인 가정의 임산부는 출산 전·후에 필요한 해산비를 지원받을 수 있습니다. 주소득자가 사망하거나 가출, 행방불명, 중한 질병이나 부상, 가족 구성원으로부터 방임 또는 유기되거나 학대를 받은 경우, 화재 등으로 생활이 곤란한 경우에 신청할 수 있습니다.

긴급복지 해산비는 시·군·구청을 방문하거나 보건복지콜센터(국번없이 129)로 전화하면 70만 원(쌍둥이 140만 원)을 받을 수 있습니다.

사례 긴급복지로 의료비, 해산비, 생계비, 주거지원

조00(여, 20세)는 미혼인데 동거 중 임신하고 남친과도 헤어졌다. 임신중에도 생계유지를 위해 아르바이트를 하던 중 근무현장에서 쓰러져서 응급실에 도착했다. 조기출산이 염려되어 긴급한 입원이 필요했다. 의료비 등 총체적인 문제로 의료진에 의해 의료사회복지사에게 상담 의뢰되어 긴급의료비지원(의료비, 해산비)으로 급히 문제를 해결했다. 퇴원 이후 환자와 아이가 안정된 생활을 유지하도록 퇴원 전 긴밀한 상담을 통해 기초수급자 취득전까지 긴급생계비를 지원하였다. 퇴원 후 미혼모시설 입소를 통해 주거안정을 도모하여 아이를 안전하게 양육하도록 전인적인 의료사회복지 돌봄이 되었다.

산모·신생아 건강관리 지원

출산가정은 읍·면·동 행정복지센터 또는 관할 보건소에 신청하여 전문교육을 받은 산모·신생아 건강관리사의 지원을 받을 수 있습니다. **산모·신생아 건강관리 지원사업**은 건강관리사가 출산가정을 방문하여 산모의 건강 회복을 돕고, 신생아를 보살펴 출산가정의 경제적 부담을 줄여줍니다.

산모와 배우자의 건강보험료 본인부담금 합산액이 전국 가구 월평균

소득의 150% 이하인 산모가 출산(예정)일 전 40일 또는 출산 후 30일 이내에 서비스를 받을 수 있습니다. 단태아 산모는 첫째아 10일, 둘째 이상 15일, 쌍생아는 15일, 3태아 이상은 20일 동안 서비스를 받으며, 사정에 따라 5일 연장할 수 있습니다. 또한, 지방자치단체가 가구 소득이 월평균소득의 150%를 넘어도 자체 예산으로 지원하는 경우도 있으니 보건소에 문의하기 바랍니다.

행정기관이 소득수준에 상관없이 자체적으로 지원하는 경우는 희귀난치성 질환 산모, 새터민·결혼이민 산모, 분만 취약지 산모, 장애인 산모, 장애 신생아, 쌍둥이·셋째아 이상 출산가정 등입니다.

여성 장애인 출산비용 지원

여성 장애인은 행정복지센터에 신청하면 출산비용을 지원받을 수 있습니다. 모든 등록장애인은 출산을 하거나 임신 4개월이 지난 후에 유산 또는 사산하여 신청하면 태아 1인당(유산 또는 사산 포함, 다만 인공임신중절 수술에 따른 유산의 경우는 지원 불가) 120만 원을 지원받을 수 있습니다.

청소년 산모 임신·출산 의료비 지원

의사의 진단에 의해 '임신확인서'를 받은 만 19세까지 **청소년산모**가 가구의 소득이 기준 중위소득의 180% 이하일 때 국민건강보험공단 또는 복지로 웹사이트에서 신청하거나, 산모의 주민등록지 관할 보건소를 방문하여 신청하면 임신·출산 의료비로 1회당 120만 원(국민행복카드)을 지원받을 수 있습니다. 임산부와 2세 미만 영유아의 모든 의료비와 약제·치료 재료 구입비를 지원받을 수 있습니다. 사용기간내 미사용된 지원금은 분만예정일 2년 이후 자동 소멸됩니다. 10대 임신은 부정적으로 인식되는 경향이 있어서 산모가 가출하거나 부모(가정)의 보살핌을 받지 못하는 경우가 많은데, 이 사업은 정부가 청소년산모와 태아의 건강진단을 돕는 것입니다.

모든 임신부·출생아의 보건수첩

모든 임신부 또는 출생사실이 확인된 영유아는 관할 보건소에 등록하면 **산모수첩**과 어린이건강수첩을 받을 수 있습니다. 이 수첩에는 예방접종, 각종검진, 검사, 양육 등에 대한 정보가 포함돼 있어서 임신부가 스스로 자신과 출생아의 건강을 관리할 수 있도록 지원합니다.

어린이건강수첩을 가진 만 12세 이하 아동은 필수예방접종 비용을 전액 지원받을 수 있습니다. BCG(피내용), B형간염, DTaP, IPV, DTaP-IPV(콤보백신), DTaP-IPV/Hib, MMR, 일본뇌염(사백신, 생백신), 수두, Td, Tdap, 뇌수막염(Hib), 소아폐렴구균, A형간염, HPV, Flu, 로타 등 18종을 위탁의료기관에서 예방접종시 접종비용 전액을 지원받을 수 있습니다.

KTX는 일반요금으로 특실을 타고 SRT는 30% 할인

임산부와 1세 미만 유아를 동반한 보호자(경우에 따라 동반자 1인까지)는

KTX를 예약할 때 임산부로 등록하면 일반요금으로 특실을 타거나 일반요금을 할인받을 수 있습니다. 또한, SRT를 예약할 때 임산부와 1세 미만 유아를 동반한 보호자는 요금의 30%를 할인받을 수 있습니다. 역창구에서 표를 살 때에도 "임산부 할인을 해주세요"라고 말하기 바랍니다. 보건소나 산부인과에서 '임신확인서'를 받아두고, 정부24 앱 또는 홈페이지→ 민원서비스→ 원스톱서비스→ 맘편한임신에 등록해놓으면 좋습니다.

임신부와 출산아동은 다양한 복지서비스를 받을 수 있으므로 시·군·구청과 보건소의 홈페이지를 잘 살펴보기 바랍니다. 아이를 낳는 것은 부모이지만 잘 키우는 것은 가족과 사회가 함께 해야 할 일입니다.

응급실을 제대로 활용하는 방법이 있습니다

집이나 직장 등에서 응급환자가 생기면 119로 전화하기 바쁩니다. 구급차가 오면 환자의 질병이나 상태를 고려하여 가장 적합한 병원으로 빨리 가는 것이 중요합니다. 생명이 위독한 환자는 응급실을 잘못 선택하여 목숨을 잃을 수도 있으니, 적합한 응급실을 활용해야 합니다.

응급실에는 5개 등급

우리나라 병원 응급실은 크게 5가지입니다. 2025년 기준 대한민국에 하나 밖에 없는 **중앙응급의료센터**는 국립중앙의료원(서울)입니다.

전국 시·도에는 **권역별응급의료센터**가 44개소 있습니다. 상급종합병원이면서 해당 지역의 응급의료를 총괄합니다. 해당 지역에서 가장 큰 병원이고, 흔히 대학병원입니다.

전문응급의료센터는 진국에 2개소가 있습니다. 화상전문으로 한강성심병원(서울), 외상전문으로 조선대학교 병원(광주)이 있습니다.

지역응급의료센터가 전국에 137개소가 있습니다. 특별시·광역시에는 100만 명당 1개소, 도 지역은 인구 50만 명당 1개소가 지정되어 있습니다.

지역응급의료기관은 전국에 232개소가 있습니다. 시장·군수·구청장이 지정할 수 있기에 매년 조금 늘거나 줄어듭니다. 군지역은 의료인력을 구하기 어려워 응급실을 폐쇄하는 경향이 있습니다.

보건복지부의 자료에 따르면, 전국 425개 응급의료기관 중 매일 24시간 내내 소아 응급환자 진료가 가능한 곳은 266곳(62.5%)에 불과합니다. 나머지는 야간이나 휴일 등 특정 시간대에 소아 응급환자 진료가 제한되고 있었습니다. 유형별로 보면 권역응급의료센터 44곳 중 9곳(20.5%), 지역응급의료센터 137곳 중 48곳(35.0%), 지역응급의료기관 232곳 중 101곳(43.5%)이 24시간 소아 진료를 하지 못하는 것으로 나타났습니다.

대도시는 응급환자 이송 체계가 비교적 잘 구축되어 있지만, 농어촌과 중소도시는 응급의료 격차가 큽니다. 이에 정부는 전국 어디서든 중증응급환자 신속대응이 가능하도록 체계를 구축하고자 합니다.

권역별응급의료센터를 알아두어야

고혈압으로 약을 먹거나 심혈관질환으로 병원에서 수술을 받은 적이 있다면 권역별응급의료센터를 알아두고, 뇌출혈 등 관련 질병으로 응급상황이 생기면 이곳으로 이송해야 합니다.

생명이 위독한 환자를 지역응급의료센터나 의료기관으로 이송해서는 도착 즉시 수술을 받지 못해 치료시기를 놓칠 수도 있습니다. 제때에 수술을 하지 못하면 생명을 구할 수 없거나 큰 후유증이 생기기 쉽습니다. 교통사고로 다발성 외상을 가진 환자는 권역외상센터로 이송하는 것이 좋습니다.

다발성 골절·출혈 환자는 권역외상센터로 가야

외상센터는 권역외상센터와 기타 외상센터로 나뉩니다. 그중 **권역외상센터**는 365일 24시간 교통사고, 추락 등에 의한 다발성 골절·출혈 등을 동반한 중증외상환자에 대해 병원 도착 즉시 응급수술이 가능하고 최적의 치료를 제공할 수 있는 시설, 장비, 인력을 갖춘 외상전용 치료센터입니다. 이곳은 생사의 기로에 놓인 중상을 입은 환자를 어떻게든 살려보려고 만든 병원입니다.

중증외상을 당한 후 적시에 치료를 받지 못해 사망한 환자의 비율을 '**외상예방가능 사망률**'이라고 합니다. OECD 상위권 국가는 이 사망률이 10% 중후반대인데, 한국은 2015년에 30%대에서 2017년에 19.9%로 줄었습니다. 권역외상센터의 개설로 얻은 효과입니다.

교통사고 환자는 권역외상센터를 찾아야

권역외상센터는 다발성 중증외상환자 발생에 대비해 외상전문의로 이뤄진 외상팀이 24시간 대기하는 병원입니다. 중증외상환자 전용 중환자병상과 외상전용 수술실 등을 갖추고 119특수구조단 소방항공대와 협약을 체결한 병원을 찾아야 합니다. 응급의료센터, 정형외과, 외과를 비롯해 영상의학과, 흉부외과, 신경외과 등 관련 전문 진료과와 유기적인 협진시스템을 구축해야 환자에게 종합적인 서비스를 할 수 있습니다. 서울에서 고려대학교 구로병원, 수원에서 아주대학교 병원, 광주에서 조선대학교 병원 등이 유명합니다.

심폐소생술을 하여 병원 이송

심정지 환자가 있으면 **심폐소생술**을 통해 일단 숨을 쉬게 해야 합니다. 심정지가 의심되는 입원 환자에게는 악화징후를 모니터링하고 사전조치를 통해 환자의 심정지를 예방하는 신속대응팀의 활동이 매우 중요합니다.

'코드블루'는 환자 심장이 멈춰 심폐소생술이 필요한 응급상황을 의미하는 비상코드입니다. 통계에 따르면 심정지를 겪은 환자가 다시 병원 밖으로 걸어 나갈 확률은 10% 미만입니다. 심정지 직후 바로 심폐소생술을 받았더라도 확률은 20%로 낮습니다. 하지만 심정지가 일어나기 전 이상징후를 통해 적절한 처치가 이뤄지면 생존율은 30% 이상이라고 합니다.

심정지가 의심되면 전문병원에 빨리 입원하고, 집에서 응급상황을 맞이하면 신속대응팀이 있는 병원으로 이송하는 것이 중요합니다. 시간이 생명을 좌우하고 조금 늦은 처치는 큰 장애를 남길 수도 있습니다.

감염병이 의심되면 보건소 등으로 연락

신종플루, 메르스 등 치명적인 **감염병**이 의심되면 보건소나 권역별응급의료센터에 연락하여 조치를 기다리기 바랍니다. 감염병은 환자 주변에 있는 가족뿐만 아니라 이송과정, 응급실에서 접촉 가능한 의료진과 환자에게도 영향을 줄 수 있습니다.

이러한 환자는 보건소나 권역별응급의료센터에 전화하여 안내를 받아야 합니다. 치명적인 감염병 환자는 격리 외래와 음압병실에 별도 출입구를 갖춘 감염 격리진료실이 있는 병원에 입원해야 합니다. 코로나19 팬데믹 상황에서 감염병이 의심되면 먼저 시·군·구 보건소나 선별진료소를 이용하는 것이 좋습니다.

암, 원스톱 진료시스템을 갖춘 병원

암 등 지병이 있는 환자가 응급상황에 빠졌다면 평소 치료를 받았던 병원으로 가는 것이 좋습니다. 환자 진료기록은 민감 정보이기에 대체로 해당 병원에서만 볼 수 있습니다. 치료 기록이 있는 병원에 가야 응급상황에서도 의료기록을 보면서 현재 상황과 비교할 수 있습니다.

한편, 만성질환과 노환, 더 이상 치료하기 어려운 상황이라면 연명치료보다는 존엄하게 죽을 권리도 고려해야 합니다. 생명을 연장하는 치료보다는 진통을 줄이는 최소한 조치를 받으면서 죽음에 대비하는 호스피스 완화의료를 선택하는 것도 한 방법입니다.

사례 응급대불제도 이용 환자

E씨(남, 52세)는 가족이 배우자와 고등학생 자녀 1명으로 구성되었다. 일용직 근로자(건설 현장)로 불안정한 소득인데 최근 2개월 무소득 상태이고, 월세로 거주하며, 건강보험 지역가입자이었다. 대상자는 2층집으로 올라가던 중 추락 사고로 다발성 골절 및 장기 손상이 발생하여 119를 통해 응급실로 이송되었다. 응급수술이 필요하였고, 중환자실 치료 후 일반병실로 전실하였다.

문제상황은 입원 초기부터 의료비 부담에 대한 심한 불안을 호소하였다. 당일 수술비 및 중환자실 비용 발생, 가족이 당장 마련 가능한 금액이 없었다. 현금과 카드 모두 부족하나 증여재산(전, 답)으로 인해 긴급의료비 지원 등은 어렵고, 퇴원 시점까지 치료비 마련이 불가했다. 대상자는 "치료는 해야 하는데 돈이 없어 병원을 나가야 할 것 같다"며 조기퇴원을 고민하는 상황이었다.

사회복지적 개입은 긴급복지 의료비를 신청하려면 재산 기준 초과로 부적합하고, 재난적의료비는 추후 신청 가능하나 즉시 의료비 해결이 어렵다. 이에 응급대불제도의 적용 가능성을 판단하고 이를 안내하고 신청하도록 했다. 대상자와 보호자에게 이 제도를 설명하고, 병원 원무팀과 협조하여 절차를 진행했다. 그 결과 응급대불제도를 통해 입원 진료비 중 일부 금액을 공단에서 선지급받았고, 대상자는 필요한 수술 및 재활치료를 지속할 수 있었다. 치료 안정화 이후에는 재난적 의료비 지원제도를 연계하여 장기적인 의료비 부담 완화를 도왔다.

20세 이상은 건강검진을 무상으로 받을 수 있습니다

대한민국 모든 청년은 국가건강검진을 무상으로 받을 수 있습니다. 그동안 건강보험료를 내는 국민은 국가건강검진을 무상으로 받았지만, 본인이 보험료를 내지 않은 40세 미만 피부양자(피보험자의 가족)는 국가건강검진의 사각지대에 있었습니다. 법 개정으로 20세 이상은 국가건강검진을 받을 수 있으니 해당되는 사람은 활용하기 바랍니다.

모든 청년은 건강검진을 받을 수 있음

이전에는 20~30대중 직장가입자와 지역가입자의 '세대주'만 주기적으로 건강검진을 받고, 직장가입자의 피부양자와 지역가입자의 세대원 중 20~30대는 무상으로 건강검진을 받을 수 없었습니다. 미취업 청년과 전업주부 등 약 720만 명(직장가입자 피부양자 461.3만 명과 지역가입자 세대원 246.8만 명, 의료급여 수급권자의 세대원 11.4만 명)은 국가건강검진 대상에서 제외되었습니다. 이에 일부 국회의원은 20~30대 청년과 전업주부도 국가건강검진을 받을 수 있도록 법안을 발의하였고, 이 법안이 통과되었습니다.

20세와 30세에 정신건강검사를

정부는 20~30대 청년의 자살사망률이 높은 점을 고려해 **일반건강검진** 항목 이외에도 **정신건강검사**를 받을 수 있게 했습니다. 우울증을 조기 발견해 치료할 수 있게 20세와 30세 이후에 각 1회 정신건강검사(우울증)를 받을 수 있습니다.

그동안 국가건강검진에서 우울증 검사는 40세, 50세, 60세, 70세에만 각 1회 시행했습니다. 사망원인통계(2015년)를 보면, 20대와 30대의 사망 원인 1위는 자살이었습니다. 인구 10만명당 자살 사망자는 20대가 16.4명, 30대는 24.6명이고, 자살은 20대 사망 원인의 43.8%, 30대 사망 원인의 35.8%이었습니다. 정부는 청년의 정신건강을 조기에 살펴 보다 적극적으로 대책을 강구하고자 합니다.

정부는 2024년부터 청년층의 정신건강검사 주기를 10년에서 2년으로 줄이고, 검사 질환도 조현병과 조울증까지 확대하였습니다. 또한 교육부는 2024년 3월부터 모든 초·중·고등학교에서 필요할 때 **위기학생 선별검사도구**(마음 EASY 검사)를 도입했습니다. 이 검사는 정서·불안, 대인관계·사회성, 심리외상 문제, 학교 적응 등 다양한 영역에 관한 약 37개 문항으로 구성되고, 온라인으로 제공돼 활용할 수 있습니다. 교사들이 학교생활 중 정서적으로 불안정해 보이는 학생을 대상으로 검사 시행을 권고하면 초등학생은 학부모가, 중·고등학생은 학생이 직접 검사받게 됩니다.

청년층 스트레스 질환 증가 추세

청년에게 **국가건강검진**을 확대한 것은 건강에 적신호가 왔기 때문입니다. 국정감사 자료에 따르면, 청년은 경추질환 등 일부 근골격계 질환, 공황장애 및 우울증, 궤양성 대장염 및 크론병과 장염 등 소화계 질환 등 많은 분야에서 건강이 전체 세대를 통틀어 가장 빠르게 악화되었습니다.

과거에는 노화로 인한 질병이 많았지만, 최근에는 학업과 취업 혹은 극심한 경쟁으로 인한 **스트레스**로 인한 질병이 늘었습니다. 청년은 당뇨를 비롯해 우울증, 화병, 공황장애, 통풍질병 환자 증가율이 다른 연령대보다 높아졌습니다. 이는 학업과 취업 등으로 스트레스를 겪는 청년세대의 고단함이 신체건강에 영향을 미친 결과입니다.

특히 20대 우울증 환자 수는 최근 5년간 58.4%가 증가되어 전체 평균 16.5%의 3.5배이었습니다. 20대 우울증 환자는 2013년 4만7721명에서 2017년 7만5602명으로 늘었고, 20대 당뇨 환자도 2013년 1만7359명에서 2017년 2만4106명으로 38.9% 증가했습니다. 20대 당뇨 환자는 전체 평균 증가율 23.4%보다 훨씬 높습니다.

건강검진 받으면 좋은 점

모든 청년이 무상으로 건강검진을 받을 수 있더라도 그 효과를 거두려면 당사자가 받아야 합니다. 과거에도 청년 중 직장건강보험 가입자와 지역가입자는 건강검진을 무상으로 받을 수 있었고, 20세 이상 여성은 자궁경부암검사를 무상으로 받을 수 있었습니다.

하지만, 청년의 건강검진 수진율은 다른 연령층에 비교하여 낮습니다. 청년은 건강에 대한 자신감과 바쁘다는 핑계로 건강검진을 받지 않는 경향이 있습니다. 건강은 건강할 때 지킬 수 있고, 건강검진을 통해 질병을 조기에 찾으면 적은 비용으로 치료할 수 있습니다.

국가건강검진을 무상으로 받을 수 있는 미취업 청년, 전업주부 등이 검진을 받도록 사회운동이 필요합니다. 국민건강보험공단은 20~30대가 많이 이용하는 사회관계망 등을 통해 '모든 청년이 국가건강검진을 무상으로 받을 수 있다'는 사실을 널리 알려야 합니다.

건강검진 결과 활용하기

국가건강검진 대상자는 검진기관에서 흉부방사선, 소변검사, 혈액검사, 심뇌혈관질환 위험평가 등을 받을 수 있습니다. 성별과 연령에 따라 우울증, 골밀도 등 추가되는 검사 항목도 있습니다. 만약, 1차 검진 결과 당뇨병, 고혈압 질환 추가 진찰 및 검사 대상이 되면 2차 검사를 안내받고, 만 70세와 74세의 인지기능장애 고위험군도 2차 검사를 받을 수 있습니다. 2차 검사 비용은 최초에 한해 본인부담금을 건강보험공단이 지원해줍니다.

또한, **국민건강보험 누리집** http://www.nhis.or.kr에서 본인인증을 거치면 내 검진 결과에 따라 맞춤건강 서비스를 알아볼 수 있습니다.

'**나의건강관리**'를 보면 연도별 나의 외래진료 방문 횟수 현황, 나의 검진 현황도 확인할 수 있습니다. 자신의 건강정보를 확인하고 식생활 개선, 운동의 생활화, 스트레스 관리 등으로 건강을 유지하는 것이 중요합니다.

"암검진도 해주세요"라고 말하세요

행복의 기준은 사람마다 다르지만 핵심은 건강하게 부자로 사는 것입니다. 우리는 건강하게 살기 위해 좋은 음식을 먹고, 운동을 하며, 좋은 생각을 하고, 건강보험에도 가입합니다.

건강보험의 장점은 아플 때 병원비가 크게 들지 않는다는 점입니다. 우산을 준비하면 비 오는 날에 큰 걱정이 되지 않듯이, 건강보험에 가입하면 큰 병에 걸려도 의료비 부담이 작아집니다. 건강검진을 잘 활용하면 진료비 부담을 줄일 수 있습니다.

건강검진만 잘 받아도 건강을 지킬 수 있다

건강보험에서 강조하고 싶은 급여는 **건강검진**입니다. 건강검진만 잘 받아도 건강을 지킬 수 있기 때문입니다. 건강검진은 일반건강검진, 암검진, 영유아건강검진이 있는데, 제때에 받아야 이익입니다.

일반건강검진은 건강보험에 가입한 지역세대주, 직장가입자, 만 20세 이상 세대원과 피부양자가 매 2년마다 1회(비사무직은 매년) 무료로 받을 수 있습니다. 지역가입자에게는 집으로 직장가입자에게는 직장으로 건강검진표가 오기에 검진기관(병원)을 선택해 가면 됩니다. 주기적으로 건강검진을 받는 것이 중요합니다.

1차 검진 결과 '고혈압·당뇨병 질환의심자로 판정된 사람과 만 70세와 74세 1차 검진 수검자 중 인지기능장애 고위험군'은 2차 검진을 받도록 통보받습니다. 고혈압 의심자는 혈압 측정을 받고, 당뇨병 의심자는 공복혈당 측정을 받으며, 인지기능장애 고위험군은 치매선별검사를 받을 수 있습니다. 건강검진을 통해 질병을 조기에 발견할 수 있고, 성인병이나 치매를 빨리 대처할 수 있기에 꼭 받기 바랍니다.

일반건강검진을 받을 때 "**암검진**도 해주세요"라고 말하기 바랍니다. 본인이 필요해서 암검진을 받으면 비용이 많이 들지만, 건강보험으로 위암·대장암·간암·유방암·자궁경부암·폐암 검진 등을 무료 혹은 검진비의 10%만으로 받을 수 있습니다.

20세 이상 여성은 자궁경부암 검진을 2년마다 무상으로 받고, 40세 이상 여성은 유방암 검진을 무상 혹은 10% 본인부담으로 받을 수 있습니다. 남녀 모두 40세 이상이면 위암(무상 혹은 10% 부담), 50세 이상으로 변에 피가 나올 때 대장암(무상), 만 40세 이상으로 간암발생 고위험군은 간암 검진(무상 혹은 10% 부담)을 받을 수 있습니다. 자궁경부암과 대장암 검진은 무상이고, 유방암·위암·간암·폐암 검진도 소득이 낮은 사람(건강보험료가 전체 가입자 평균 보험료 이하인 가입자와 그 피부양자)은 무료입니다. 다만, 수면내시경 검사와 같이 비급여 항목은 전액 본인이 부담해야 합니다. 해당 국민은 주기적으로 암 검사를 받고, 가족력이 있거나 증상이 의심되는 사람은 집중적으로 관리하는 것이 좋습니다.

큰 병일 때 진료받을 병원에서 검진

생애전환기에 건강검진을 잘 받는 것이 중요합니다. 과거 '생애전환기 검진'은 현재 '일반건강검진'에 통합되어 성·연령별 검사 항목이 추가되었습니다. 예컨대, 이상지질혈증(총콜레스테롤 등)은 남자 만 24세 이상, 여자 만40세 이상, 4년 주기로 검사받을 수 있습니다. B형간염검사(만40세, 보균자와 면역자는 제외), 치면세균막검사(만40세), 골다공증(만54·66세 여성), 정신건강검사(우울증, 만20세·30세·40세·50세·60세·70세)는 해당 연령을 시작으로 10년 동안 1회(2024년부터 20대·30대는 2년 주기로 확대), 생활습관평가(만40세·50세·60세·70세), 노인신체기능검사(만66세·70세·80세), 인지기능장애검사(만66세 이상 2년에 1회)를 받을 수 있습니다.

건강검진은 큰 병이 생기면 진료받을 병원에서 받으면 좋습니다. 건강검진을 받을 때마다 다른 병원을 이용하면, 막상 큰 병이 걸릴 때 축적된 건강정보를 확인할 길이 없습니다. 따라서 암·고혈압·당뇨병 등을 잘 치료할 수 있는 병원에서 평소 건강검진을 해서 본인의 건강정보를 축적해 놓는 것이 좋습니다.

많은 만성질환은 장기간 건강정보를 축적하면 관리가 가능하기에 건강검진 결과를 보관하고 활용합시다. 일부 질병은 가족력과 상관성이 높아 가족이 한 병원에서 건강검진을 받는 것도 괜찮습니다. 건강검진은 큰 병이 걸렸을 때 이용할 의료기관에서 받기 바랍니다.

사례 고용보험 실업급여(질병으로 직장을 그만둘 때)

이00(여, 42세)는 간호사로 재직중 난소암 진단을 받았다. 승진시험을 준비하던 중 배가 아파서 병원에 가보니 난소암이었다. 암환자로 6개월 이상 치료가 계획되다 보니 직장에서 암묵적인 퇴사 요구도 있고, 길게 병가를 쓸 수 없는 상황으로 퇴사하였다.

현 직장을 천직으로 알고 승진을 꿈꾸었으나 환자가 되었고 퇴사까지 종용받았다. 갑자기 실업자가 되고 경제적 어려움이 예상되니 울고 또 울고 기진맥진 상태로, 회진 시 의료진에 의해 의료사회복지 상담을 의뢰받았다. 상담결과 아파서 실업이 되면 고용보험의 실업급여를 받을 수 있다고 안내하였다. 육체적으로 이전 일보다 움직이지 않아도 되는 연구직 간호사를 준비하여 치료후 재취업하도록 안내했다. 환자는 재취업하여 예전과는 다른 환경에서 전문직을 살려 의료연구 현장에서 잘 살아가고 있다.

치매선별검사와 치매치료비를 받을 수 있습니다

인구의 고령화와 함께 무서운 병이 치매입니다. 치매의 사전적 정의는 '인지 기능의 장애로 인해 일상생활을 스스로 유지하지 못하는 상태'이지만, 그 원인이 다양하기에 예방과 치료법도 복잡합니다.

치매는 알츠하이머·파킨슨병 등과 같이 퇴행성 뇌질환으로 뇌세포가 감소되거나 판단에 필요한 뇌의 연결이 깨지면서 인지 기능이 떨어진 현상입니다. 치매를 앓고 있는 사람을 나타내는 **치매유병률**은 2023년 치매역학조사 결과 65세 이상의 9.25%(2025년에 97만759명, 2026년에 101만4865명)으로 추정되고 있습니다. 노인성 치매는 70대 중반 이후에 많이 발생되고, 나이가 들수록 더 많이 발병하므로 평균수명이 증가되면 치매유병율도 10%를 훌쩍 넘어설 것입니다.

65세 이상의 치매 유병률 9.25%, 경도인지장애 유병률 28.42%는 노인 10명 중 1명은 치매, 3명은 인지장애라는 얘기입니다. 치매유병율은 2016년 대비 0.25% 포인트 감소하고 경도인지장애 유병률은 6.17% 포인트 증가했습니다. 상대적으로 건강하고 뇌 활동량이 많았던 베이비부머 세대가 2020년부터 노인 인구로 편입되면서 전체 노인 인구 중 치매

유병률이 소폭 하락한 것으로 풀이됩니다. 하지만, 초고령화와 함께 치매유병률은 높아지기에 2044년에는 치매환자가 201만명에 달할 것으로 예측됩니다.

'영양·운동·인간관계'는 치매 예방 지름길

치매는 불치병으로 알려졌는데, 일부 치매는 원인을 치료하면 완치되거나 완화됩니다. 뇌경색과 뇌출혈에 의해 뇌가 손상되어 발생하는 치매는 뇌졸중 등을 치료하면 완치되거나 상태가 크게 호전됩니다. 알코올성 치매는 술을 끊으면 크게 나아질 수 있습니다. 전체 치매의 약 10%는 완치되거나 크게 호전될 수 있으므로 치료를 포기해서는 안 됩니다.

하지만, 알츠하이머·파킨슨병 등에 의한 치매는 **퇴행성 뇌질환**으로 기억력·전두엽 기능 등의 장애로 시작해서 서서히 나빠져 치매 환자와 수발 가족에게 큰 육체적 고통과 심적 고통을 주기에 예방과 함께 체계적 관리에 초점을 두어야 합니다.

치매 예방에서 중요한 것은 영양·운동·좋은 인간관계입니다. 치매 예방에 효과가 있다고 알려진 식품은 초석잠·천마·해바라기씨·호두·닭가슴살 등인데, 음식을 고루 알맞게 먹는 것이 중요합니다. 노인은 혼자나 부부만 사는 경우가 많아 세 끼 식사를 잘 챙기지 못하는 경우가 많은데 고른 영양 섭취는 치매예방을 위해 중요합니다. 매일 햇빛을 받으며 산책하고, 가족과 친구와 인간관계를 유지하는 것이 치매 예방의 지름길입니다.

잘 관리해도 치매의 발병을 피할 수 없으므로 조기검진으로 약물관리를 잘 하는 것이 매우 중요합니다. 치매가 의심되면 보건소나 **치매안심센터**를 방문하여 '치매선별검사'를 받기 바랍니다. **치매선별검사**는 무료이고, 이 검사로 의심이 들면 정밀검사로 치매를 진단받고, 전문병원에서 처방을 받아 약물관리를 시작할 수 있습니다.

약물 관리 시기에 따라 삶의 질은 '하늘과 땅'

치매발병 뒤에 **약물관리**를 얼마나 빨리 하느냐에 의해서 환자의 삶의 질은 하늘과 땅 차이가 납니다. 건망증이라고 방치하면 본인과 가족이 큰 고통 속에 살지만, 빨리 진단하여 약물치료를 받으면 10년 이상 일상생활을 할 수 있습니다. 치매 진단을 받더라도 식사를 잘 하고 화장실만 혼자 갈 수 있어도 삶의 질이 크게 달라집니다.

치매로 진단받으면 병원에서 약물치료를 시작하고, 보건소에 등록하여 약값을 지원받을 수 있습니다. **치매치료관리비**는 전국 가구 평균소득 120% 이하(일부 자치단체는 120% 초과인 사람에게도 지원)인 가구가 신청하면 받을 수 있습니다. 해당 가구의 치매환자(혹은 가족)가 치매안심센터에 신청하면 매월 3만 원 범위에서 연간 36만 원까지 치매약값을 지원받을 수 있습니다.

치매치료관리비는 신청한 사람에게만 주므로 대상자 본인명의 통장 사본 1부와 치매치료가 포함된 약처방전 또는 약품명이 기재된 약국 영수증·건강보험증 또는 의료급여증과 함께 관할 지역 치매안심센터에 신청하면 입금됩니다. 신청서는 치매안심센터나 홈페이지에서 받을 수 있습니다.

가족 중에 치매환자가 있다면 건강보험공단에 노인장기요양보험을 신청하여 요양등급을 받아 인지활동형 프로그램 등을 지원받을 수 있습니다. 치매환자는 주·야간보호시설을 이용할 수 있고, 주 3회 이상 방문요양, 월 1회 이상 방문간호도 받을 수 있습니다. 치매환자는 인지능력은 떨어져도 정서적 기능은 살아있으므로 화를 내거나 야단을 치면 마음의 상처를 받기 쉽습니다. 실수하더라도 공감하고 따뜻하게 대하면 친밀감을 나눌 수 있습니다. 노인성 치매는 예방하고 관리할 수 있습니다.

공단 홈페이지에서 '나의 검진현황' 을 볼 수 있습니다

국민건강보험공단 홈페이지에서 '건강iN'을 보고, 그곳에서 '나의 건강관리'를 활용하면 나와 가족의 건강관리에 도움이 됩니다.

건강검진 사후 관리가 중요

건강보험에 가입한 사람과 20세 이상 피부양자는 2년(생산직은 1년)에 한 번 건강검진을 무상으로 받을 수 있습니다. 최근 수검률이 높아져서 국민 10명 중 7~8명은 국가건강검진을 받습니다. 2022년 **국가건강검진 수검률**은 75.4%인데, 코로나19 유행 첫해인 2020년에 67.8%까지 떨어졌다 회복되었습니다. 일반 건강검진을 받은 사람 1,723만명 중 '질환의심자'(일반 질환이나 고혈압·당뇨병 질환의심으로 판정받은 인원)는 33.2%이고, '유질환자'(기존에 고혈압, 당뇨병, 이상지질혈증, 폐결핵으로 판정받고 현재 약물치료를 받고 있는 자)는 25.2%였습니다.

한편, 2024년 일반건강검진 수검률은 75.6%를 기록해 2023년(75.9%)

보다 소폭 낮아졌습니다. 이에 비해 **암검진 수검률**은 2020년 49.6%를 기록한 뒤 2021년 56.6%, 2022년 58.2%, 2023년 59.8%, 2024년 60.2%로 계속 상승하고 있습니다. **영유아건강검진 수검률**도 79.0%를 기록해 2023년(76.7%)보다 상승했습니다. 건강검진 수검률의 상승은 건강에 대한 사회적 관심이 꾸준히 높아지고 있기 때문인 듯합니다.

많은 사람들이 **건강검진**을 받지만 **사후관리**를 소홀히 합니다. 건강검진을 통해 자신의 혈압·혈당지수 등 다양한 정보를 알 수 있는데 무심하게 넘기는 경향이 있습니다. 건강검진을 받아도 그 정보를 건강관리에 활용하지 않으면 무용지물입니다.

성인 3명 중 1명 정도가 **대사증후군**에 해당됩니다. 건강보험공단은 매년 검진후 건강위험요인을 가진 정도에 따라 주의군과 위험군으로 구분하여 건강정보를 제공합니다. 위험군에 속하는 사람도 평소 식습관이나 운동 등 생활습관을 개선하면 건강을 보다 효과적으로 관리할 수 있습니다.

또한, 고혈압·당뇨병 판정을 받았다면 치료를 받아야 합니다. 일찍 치료하면 적은 비용으로 짧은 시간에 완치할 수 있는 병도 방치하면 악화됩니다. 건강검진을 받고 위험군이나 주의군에 속하는 사람은 건강상담을 받고 치료받는 것이 좋습니다.

꼭 필요한 만성질환자의 건강관리

'나의 건강관리'에서 **'나의 검진현황'**을 보면, 건강관리에 도움이 되는 정보가 많습니다. 고혈압이나 당뇨병 환자 등은 평소 건강관리가 중요한데, '나의 검진현황'을 통해 주요 지표의 변화를 확인할 수 있습니다.

또한, 건강보험공단은 고혈압·당뇨병 환자가 일차 의료에서 적절히 치료받을 수 있도록 **'의원급 만성질환 관리제'**를 운영하고 있습니다. 고혈압·당뇨병 환자가 단골 의원을 정해 꾸준히 치료하면 본인부담금을 10% 포인트(전체 진료비의 30%에서 20%로) 줄여줍니다.

고혈압·당뇨병 등 만성질환은 사람들이 관리만 잘해도 병이 악화되는 것을 예방할 수 있습니다. 고혈압은 짠 음식을 먹지 않고, 물과 채소를 많이 먹으며, 산책 등 운동만 주기적으로 해도 상당히 잘 관리됩니다. 당뇨병도 단 음식을 피하고, 음식을 천천히 먹으며, 혈당을 주기적으로 검사하여 약물치료를 하면 악화되는 것을 막을 수 있습니다.

건강보험공단 홈페이지에서 관련 건강정보를 검색하고, 공단 지사가 운영하는 공개강좌를 듣고, 자조모임에 참가하여 생활습관을 개선하는 것이 중요합니다. 많은 질병은 먹는 음식과 생활습관과 관련되어 있습니다. 대체로 만성질환은 질병에 걸리고 진행되는 시간도 길게 걸립니다. 천천히 나빠지는 질병은 식습관을 바꾸고 음식을 조절하여 좋아지게 할 수 있습니다. 음식과 운동 그리고 스트레스 관리라는 작은 실천으로도 건강을 지킬 수 있습니다.

공단 지역본부의 특화사업

건강보험공단 광주지역본부는 세 가지 **특화사업**을 하고 있습니다. 하나는 '몸도 잡GO 마음도 잡GO'란 **고위험 사업장 직무스트레스 관리** 사업입니다. 건강은 몸의 건강뿐 아니라 마음의 건강도 매우 중요합니다. **건강지원센터**는 고혈압·당뇨병과 같은 만성질환에 집중했는데, 이제는 **스트레스 관리**에도 역점을 두고 있습니다. 직무스트레스가 높은 사업장을 중심으로 스트레스 관리를 잘하도록 지원합니다. 스트레스가 심하면 정신건강이 나빠질 뿐만 아니라 신체적인 질병으로 이어지기에 평소 스트레스를 잘 관리해야 합니다.

다른 하나는 '당(糖)신(身)을 위한 모바일 헬스 스쿨'로 정보통신기술을 이용한 당뇨 관련 신체활동 증진 사업입니다. '당뇨'에서 당(糖)을 '신체'에서 신(身)을 따온 말인데, '혈당을 낮추고 신체활동을 높이자'는 것입니다. 스마트 기기인 블루투스 장착 혈당 측정기와 손목 밴드 형태의 신체활동량 측정기기를 통해 참여자들의 건강관리를 향상시키는데 있습니다. 사업 결과 분석 과정 속에서 어떤 정보통신기술이 보건의료사업에 유용한지 알아볼 것입니다.

당뇨병은 그 자체로 문제가 있을 뿐만 아니라 합병증이 생길 경우에는 실명 등 건강에 치명적인 손상을 줄 수 있습니다. 당 관리는 단 음식을 줄이고 음식을 천천히 먹는 것만으로도 어느 정도 줄일 수 있고, 산책 등 주기적인 운동으로 당을 태울 수 있습니다. 몸에 들어가는 당을 줄이고, 이미 들어간 당은 운동을 통해 가급적 빨리 태우는 것이 중요합니다.

'건강iN' 에서 건강검진 결과 확인

건강검진을 받은 후 그 결과를 알려면, 누구든지 건강보험공단 홈페이지의 '건강iN'을 검색하기 바랍니다. 인터넷을 검색하면 수많은 건강정보들이 넘쳐납니다. 그중에는 유익한 것도 많지만 검증되지 않는 정보가 적지 않습니다. 일반인이 경험을 바탕으로 올린 건강정보는 일반화 시키는데 한계가 있습니다. 제약회사에서 상품을 팔기 위해 과장한 경우에는 피해가 클 수도 있습니다. 건강보험공단이 전문가들과 함께 만든 '건강iN'을 활용하는 것이 좋습니다.

아울러, 국민은 건강을 잘 지키기 위해 지역사회에 있는 다양한 건강관련 기관을 활용하는 것이 좋습니다. 병·의원, 약국, 한방 병·의원과 같은 요양취급기관 뿐만 아니라, 정신건강복지센터, 시민체력증진센터, 심뇌혈관질환센터 등 다양한 기관들이 하는 핵심 업무를 알고 활용하기 바랍니다. 건강은 건강할 때 지키고, 만성질환 등은 전문가의 도움을 받아서 적극 관리해야 합니다.

일부 치과 진료도 보험처리 됩니다

치과진료의 보험처리는 점차 확대됩니다. 2019년에 치과 진료비 중 건강보험으로 보장되는 비율은 병원급 18.9%, 의원급 31.7%로 전체 의료기관 평균 62.7%에 크게 못 미칩니다. 복지부는 아동, 노인, 장애인 등 취약계층을 중심으로 건강보험 적용 범위를 넓혀가고 있습니다.

충치 치료를 받은 환자는 건강보험 가입자의 11.5%

건강보험공단에 따르면 충치 치료를 받은 환자는 총 584만명으로 건강보험 가입자의 11.5%입니다. 치과 진료비는 전체 진료비의 5.8%인 약 4조원입니다. 치과 치료를 받은 환자 중 만 5~9세는 전체 환자의 16.1%를 차지했고, 진료율도 40.4%로 다른 연령대 진료율 7.6~12.1% 보다 훨씬 높았습니다.

어릴 적부터 치아 관리 습관을 들이지 않으면 커서 진료비 부담이 커지고, 치아 상실 위험도 커집니다. 이에 보건복지부는 구강건강 증진 및 치과의료 발전을 위한 '구강정책 추진계획'을 발표했습니다.

아동 치과주치의 시범사업 도입

구강정책의 하나로 2020년에 '아동 치과주치의' 시범사업을 시작했습니다. **아동 치과주치의**는 영구치가 완성되는 12세 전후에 구강검진 및 예방진료, 구강건강 관리 교육을 담당합니다. 학교 양치시설, 구강보건실을 활용해 학생들이 양치하는 분위기를 조성하고, 참여형·체험형 교육도 확대할 계획입니다.

아동 치과주치의 시범사업은 대상 아동의 나이, 건강보험 수가와 본인 부담금 수준 등을 결정합니다. 아동이 가까운 치과의원에서 주치의를 선택하면 **충치 치료**와 **치석 제거**(스케일링), 치아 홈 메우기 등 예방진료를 받을 수 있습니다.

구강정책은 우리나라 아동의 치아 건강을 선진국 수준으로 끌어올리기 위한 조치입니다. 2018년 기준 만 12세 아동의 56.4%는 영구치에 충치가 생긴 경험이 있었습니다. 평균 충치 수는 1.84개로 미국 0.4개, 일본 0.8개보다 많습니다. 식사 후에 이를 닦는 치아 관리 습관을 갖지 못한 영향으로 풀이됩니다.

아동 충치치료의 보험처리

건강보험으로 처리되는 치과진료는 아동 치아홈메우기, 아동충치치료, 구순구개열 치아교정 등으로 점차 확대되었다. 아동 치아홈메우기는 2017년 10월부터 본인부담률이 10%까지 낮추어졌습니다. 2019년부터 12세 이하 광중합형복합레진 급여화(아동충치치료)에 따라 본인부담금이 치아 1개당 10만 원에서 의원급 기준 2만5천 원까지 경감되었습니다. 구순구개열 치아교정 급여화는 본인부담률이 의원급 30%에서 상급종합병원 60%로 책정돼 환자 의료비 부담은 이전 3천5백만 원에서 최대 730만 원까지 감소되었습니다.

1년에 한 번 스케일링 받기

구강정책은 소득이나 장애 유무에 따른 치아 건강 불평등을 해소시킬 것입니다. 국민건강영양 조사에서 충치 발병률은 소득 수준이 가장 낮은 그룹의 37%로 소득이 가장 높은 그룹(22%)의 약 1.5배이었습니다.

아동기에 치아 관리에 소홀하면 성인이 돼 치주질환을 겪을 확률이 높아집니다. 남성은 40대, 여성은 50대 이후부터 치주질환이 급증하는데, 매년 스케일링만 받아도 예방 효과를 거둘 수 있습니다. 스케일링은 1년에 한 번 건강보험이 적용되고, 본인부담금은 1만5천 원 정도입니다. 1년에 한 번씩 스케일링을 받는 것이 큰 이익입니다.

노인 임플란트와 틀니는 보험처리

틀니와 임플란트의 건강보험은 2016년 7월부터 65세 이상으로 확대되었습니다. 틀니와 임플란트 시술에 건강보험을 적용하면 시중 가격의 30%로 시술을 받을 수 있습니다. 노인은 어금니와 앞니 등 평생 2개의 임플란트와 틀니 시술(7년마다 1회 가능)을 건강보험 수가로 받을 수 있습니다. 틀니나 임플란트가 필요한 노인은 치과에 가서 진료를 받아 시술이 필요하다는 판정을 받은 후에 시술동의를 하여 등록하면 됩니다.

치과 진료 보험처리를 늘려야

2021년부터 초등학교 고학년을 대상으로 구강검진과 충치 치료 등을 건강보험으로 지원하는 '아동 치과주치의 제도'가 도입되었습니다. 비급여 항목이 많은 치과 진료의 건강보험 적용 범위도 확대해 가계의 의료비 부담을 줄일 것입니다.

치주질환을 예방해 연간 4조 원에 이르는 치과 진료비를 줄이는 것이 목표입니다. 우리 국민이 치과 진료에 쓰는 돈은 전체 보건의료 관련 가계 지출의 약 17%에 이릅니다.

일부 지방자치단체에서 치과치료비를 지원

일부 지방자치단체는 자체 예산으로 치과치료비를 지원하기도 합니다. 서울 서초구는 취약계층 아동·청소년의 구강건강을 위해 '아동치과주치의 사업'을 시행합니다. 이 사업은 치과진료가 필요한 만18세 미만 취약계층 아동·청소년에게 치과치료비를 지원해 구강건강 불평등을 해소하고 구강건강을 향상하기 위한 것입니다.

지원대상은 관내에 거주하는 지역아동센터 소속 기초생활수급자 및 차상위계층, 한부모가정, 조손가정의 아동·청소년 등입니다. 이들은 보건소에서 구강검진, 칫솔질 교육, 불소도포 등의 서비스를 제공받고, 연계된 치과에서는 치아홈메우기, 치석제거, 충치치료, 신경치료 및 잇몸

치료 등을 받을 수 있습니다. 서초구는 비보험항목인 레진, 인레이, 골드크라운, 간격유지장치 등은 1인당 최대 40만 원 내에서 지원합니다. 이 사업은 2012년부터 매년 시행되고, 해마다 약 400명이 예방진료와 구강검진을 받았습니다.

비만은 질병이지만, 예방하고 치료할 수 있습니다

세계보건기구는 비만을 질병으로 분류하고, 암을 유발하는 주요 요인으로 꼽습니다. 한때 통통한 몸매는 '우량아'의 상징이었지만, 이제 **비만**(체질량지수 25 이상)은 질병으로 간주됩니다. 질병관리청의 **지역사회건강조사**에 따르면 19세 이상 성인 비만율은 2015년 26.3%에서 2024년 34.4%로 증가했습니다. 보건복지부는 관계부처 합동으로 '국가 비만관리 종합대책'을 세워 실행하고 있습니다.

한국인은 점점 뚱뚱해지고 있음

성인 남성 비만율은 더욱 심각합니다. 2024년에 성인 남성 비만율은 41.4%로 10명 중 4명 이상이 비만입니다. 이는 성인 여성 비만율 23.0%와 비교됩니다. 비만율이 높은 이유는 아침을 먹지 않고 점심이나 저녁에 잦은 회식을 하기 때문입니다. 성인 여성은 자주 집에서 아침 식사와 저녁 식사를 하여 비만율이 상대적으로 낮은 편입니다. 여성이 다이어트를 더 실천한 것도 영향을 주었을 것입니다.

아동과 청소년의 비만율도 심각

아동과 청소년 비만율도 심각합니다. 2023년 아동·청소년의 비만율은 영유아 8.3%, 학생 16.7%로 나타났습니다. 초·중·고등학생 6명 중 1명은 비만입니다. 학생 비만율의 증가는 신체활동에 쏟는 시간은 준 반면 햄버거·피자·튀김 등 고열량·고지방 음식 섭취가 늘어났기 때문입니다. 고등학교로 갈수록 학업시간은 늘고 실내외에서 신체활동을 할 시간은 줄기에 학생의 비만율이 증가했습니다.

건강의 적신호라고 할 수 있는 **고도비만율**은 고등학생에서 높았습니다. 국민건강조사에 따르면, 남고생의 3.7%, 여고생의 3.3%가 고도비만으로 이는 전 연령대를 통틀어 가장 높았습니다. 이들은 땀이 나는 신체활동을 거의 하지 않고, 패스트푸드를 자주 먹었습니다. 주 3일 이상 땀이 날 정도로 격렬하게 신체활동을 하는 비율이 고등학생은 24.4%에 그쳐 초등학생(58.3%), 중학생(35.7%)에 비해 낮았습니다. 고등학생의 80.4%가 주 1회 이상 패스트푸드를 먹는다고 답했습니다.

코로나19 사태 이후 비만은 늘고 시력은 나빠져

코로나19 사태 이후 비만 학생이 늘고, 초중고 학생들의 시력은 나빠진 것으로 나타났습니다. 코로나19로 학생들의 신체활동이 줄었고, 게임과 인터넷에 몰두한 학생이 늘어난 탓으로 분석됩니다.

교육부의 '2023년 **학생 건강검사** 표본통계'에 따르면 비만율은 농촌지역(읍·면) 학생들의 비만율(34.4%)이 도시지역(동) 학생들(28.7%)보다 높습니다. 최근에는 스마트 기기 사용 연령이 낮아지면서 근시 시작 시기가 빨라지고 있습니다. 2024년 표본통계를 보면, 초등학교 1학년생의 30.8%가 시력 이상(나안 시력 0.7 이하 또는 안경 착용)인 것으로 나타났습니다. 나안 시력은 안경이나 렌즈 같은 시력 보조 기구 없이 맨눈으로 측정한 시력인데, 초등학교 4학년은 52.6%, 고등학교 1학년은 74.8%에 달했습니다.

비만은 사회경제적 손실을 키움

비만은 개인적인 손실을 넘어 사회경제적 부담을 키우고 있습니다. 몸이 뚱뚱해지면 질병에 걸리기 쉽고, 만성질병으로 이어지며, 조기에 사망할 수도 있습니다. 비만인은 정상인에 비해 당뇨·고혈압 등 각종 만성질환 발병 위험이 높습니다. 당뇨는 비만일 경우 발병률이 정상인 대비 2.5배, 고도비만일 경우 4배까지도 높아집니다. 고혈압도 정상인에 비해 비만인은 2배, 고도비만인은 2.7배가량 발병 위험이 높습니다.

건강보험공단은 비만으로 인한 사회경제적 손실을 2006년 4조8000억 원에서 2021년엔 15조6382억 원으로 추계하였습니다. 비만으로 질병에 걸려서 손실, 먼저 사망하여 손실, 치료받느라 일하지 못하고 다른 사람의 간병을 받아서 경제적 손실이 크다는 뜻입니다.

당뇨병 환자의 절반 이상이 비만

당뇨병 환자의 절반 이상이 비만한 것으로 나타났습니다. 국내에서 성인 비만은 체질량지수(BMI) 25 이상을 칭하고, **복부 비만**은 허리둘레가 각각 남성 90㎝ 이상, 여성 85㎝ 이상일 때입니다. 대한당뇨병학회에 따르면 당뇨병 환자의 52.4%는 비만한 상태였습니다. 특히 30대(81.3%), 40대(76.7%) 환자는 10명 중 8명꼴로 비만이었습니다.

복부비만 동반율은 더 높았습니다. 전체 당뇨병 환자의 61.1%가 복부 비만이었고, 연령대별로는 30대(70.1%)와 40대(75.8%)가 높았습니다. 2012년부터 2023년까지 추이를 보면 남성 당뇨병 환자는 비만과 복부비만 동반율이 모두 증가했고, 여성은 복부비만 동반율의 증가가 두드러졌습니다.

학회는 복부비만이 다양한 합병증과 암 발생 위험을 높일 수 있으므로, 복부비만을 동반한 당뇨병 환자에 대한 조기 개입과 맞춤형 치료가 필요하다고 강조했습니다. 비만 인구의 당뇨병 유병률은 17.6%로, 비만하지 않은 인구(9.5%)보다 약 2배 높았습니다. 65세 이상 비만 인구에서는 3명 중 1명(31.6%)이 당뇨병을 앓고 있는 것으로 나타났습니다.

비만에 대한 종합적인 대책

비만에 대한 종합대책은 크게 올바른 식습관 형성, 신체활동 활성화·건강 친화적 환경 조성, 고도비만자 적극 치료·비만관리 지원 강화, 대국민 인식 개선·과학적 기반 구축 등 4개 전략과 세부 과제로 구성되었습니다.

비만은 먹는 것이 살로 가는 현상입니다. 어린 시절부터 올바른 식습관을 형성하는 것이 대책의 지름길입니다. 저체중아로 태어난 아동이 **소아비만**에 걸릴 확률이 높고, 소아비만이 성인비만으로 이어질 확률이 높습니다. 임신부의 영양섭취 불균형은 저체중아 출산위험을 높이기에 이 단계부터 체계적인 개입이 필요합니다.

정부는 저체중, 성장부진 등 영양위험요인이 있는 영유아·임산부에게 보충식품을 제공하고, 영양교육을 실시하는 영양플러스사업 대상자를 점차 확대키로 했습니다. 출산 전·후, 보건소·의료기관 등과 연계한 모유수유 교육도 강화합니다. 세계보건기구, 유럽연합 등은 모유 수유를 아동비만 예방의 주요 전략으로 추진하고 있습니다.

이와 함께 **영양표시 의무화 식품**과 자율영양표시 대상 업종도 확대됩니다. 정부는 영양표시 의무화 식품을 연차적으로 농산가공식품류, 수산가공식품류, 동물성가공식품류 등으로까지 확대합니다.

신체활동을 통해 열량을 발산

비만을 막기 위해 음식으로 흡수된 열량을 **신체활동**으로 발산시켜야 합니다. 비만을 막으려 음식을 적게 먹는 것만이 능사가 아닙니다. 아침을 굶으면 허기를 참지 못해 점심이나 저녁식사에 폭식하여 많은 열량을 섭취하기 쉽습니다.

정부는 유치원·어린이집 표준교육과정을 신체의 균형적 발달을 위한 대근육활동 등 바깥놀이 중심의 신체활동과 바른 식생활 교육을 강화하는 방향으로 개편합니다. 아동과 청소년의 신체활동을 늘리기 위한 특단의 대책이 필요합니다. 정부는 학생 주도의 학교스포츠클럽 활성화를 위해 우수학교에 대한 지원을 확대하고, 건강증진학교 운영사례를 분석해 우수 건강증진 프로그램을 전국 학교로 보급합니다. 비만 예방관리는 당사자의 자발적인 참여를 유도해야 합니다. 정부는 성인이 운동을 주기적으로 하는 등 건강관리에 힘쓰면 우수자에게 체육시설이용권, 진료바우처(상품권) 등을 제공합니다.

고도비만수술에 건강보험 적용

고도비만수술에 대해 건강보험을 적용합니다. 비만의 예방과 관리를 위한 다각적인 대책이 효과를 거두기 위해서는 제도적 장치와 함께 국민적 참여가 중요합니다. 1인 가구의 증가로 혼밥·혼술 문화가 유행하고 서구식 식생활로 고열량 식품을 섭취하는 경향이 있습니다. 이제 비만은 '개인적인 관심사'가 아닌 '사회적 관심사'라는 인식을 갖고 개인과 사회가 함께 대책을 강구하고 실천해야 합니다. 비만은 질병이지만, 예방할 수 있고 조기에 개입하여 치료할 수 있습니다.

HIV 감염을 예방하고 무상으로 치료합니다

질병관리본부에 따르면, 2015년 말까지 우리나라에서 누적 집계된 **에이즈**(AIDS·후천성면역결핍증) 환자와 이를 일으키는 원인 바이러스인 **인간면역결핍 바이러스**(HIV)에 감염된 사람(감염인)의 수는 1만502명(2018년 내국인 HIV 감염인 수는 12,991명)입니다. 이 수치는 신고된 감염인과 환자의 누적 숫자에서 사망자 수를 뺀 것입니다. 여기에 감염되었지만 신고되지 않은 수를 포함하면 훨씬 많을 것입니다.

에이즈 환자와 HIV감염인의 차이

인간면역결핍바이러스(HIV)에 감염된 후 치료하지 않으면 **후천성면역결핍증**인 에이즈(AIDS)가 됩니다. HIV 감염은 아프리카에서 시작된 것으로 추정되며 유사한 바이러스가 영장류에서 발견되고 있습니다.

에이즈와 HIV 감염인은 어떻게 다를까요? HIV가 몸 안에 들어와 있지만 일정한 면역 수치를 유지하면서 몸에 뚜렷한 증상이 없는 사람이 감염인입니다. HIV에 걸린 후 시간이 지나면서 면역체계가 파괴되어 면역세포 수가 일정 이하가 됐거나 특정한 질병 또는 증상이 나타난 경우에 에이즈 환자라 부릅니다.

HIV 감염인의 증가

대한민국에서 HIV 감염인이 처음 발견된 것은 1985년이었습니다. 이후 새로 감염인과 환자로 등록된 사람은 1990년대에는 매년 100명 수준이었으나 2000년대에는 매년 1,000명 안팎으로 증가하는 추세입니다.

질병관리청에 따르면, 2022년 HIV/AIDS 신규 환자는 1,066명인데, 남성이 92.3%(984명)이고 여성이 7.7%(82명)입니다. 내국인이 825명(그중 남자 790명)이고 외국인이 241명(그중 남자 194명)입니다. 연령대는 30대가 34.9%로 가장 많고, 그다음은 20대 31.5%, 40대 16.4%, 50대 9.0%, 60대 5.2%, 70세 이상 1.8%, 10대 1.2% 순입니다.

HIV 신규 환자들은 대부분 성접촉을 통해 감염된 것으로 확인됐습니다. 추정 감염경로 항목에 응답한 감염인 582명 중 99.1%가 '성접촉에 의한 감염'이 이뤄졌을 거라 답변했습니다. 남자 감염인(560명) 중 62.1%는 동성 성접촉이고, 여자 감염인(17명)은 모두 이성 성접촉에 의한 감염이라고 했습니다. 그 외 감염은 마약주사기 공동사용에 의한 감염(0.9%)입니다. 수혈이나 혈액제재에 의한 감염도 일어날 수 있지만, 채혈할 때 검사를 철저히 하기에 2006년 이후 수혈로 인한 감염사례는 발생하지 않았습니다.

우리나라 인구 10만명당 에이즈환자는 0.3명, HIV 감염인은 2.0명으로 경제협력개발기구 국가 가운데 일본에 이어 두번째로 낮은 수준입니다. 미국은 에이즈환자가 5.4명, HIV감염인은 11.8명에 달합니다.

한편, 2019년 한 해 동안 전 세계적으로 170만 명의 신규 감염인이 발생하였고, 69만 명이 에이즈 관련 질환으로 사망하였으며, 3,800만 명의 감염인이 생존해 있는 것으로 추정됩니다.

성병을 막는 것이 HIV 감염 예방법

인간면역결핍 바이러스는 혈액, 정액, 질분비물, 모유 등 타액을 통해 전파될 수 있지만, 지난 10년간 새 HIV 감염인은 거의 100% 성생활을 통해 감염되었습니다.

HIV 감염은 성병의 일종인데, 다른 성병을 가진 사람이 감염될 확률이 매우 높았습니다. 다양한 성병을 예방하기 위한 모든 조치는 결국 HIV 감염 예방에도 도움이 됩니다. 성병은 다수 사람과 성생활을 할 때 걸릴 확률이 매우 높기에 콘돔을 사용하여 정액이나 질 분비물 등을 직접 접촉하지 않아야 합니다.

HIV 감염경로를 보면, 감염인과 성생활을 한 경우와 함께 바이러스에 감염된 주사바늘을 여러 번 사용하거나, 다른 사람과 함께 사용할 때 극히 위험합니다. HIV는 면역력이 낮을 때 침투하기 쉬운데, 감염된 혈액이 묻은 주사바늘은 치명적인 전염도구입니다. 의료종사자 중에서 감염된 주사바늘에 찔려 감염될 확률도 있지만, 최근에는 철저히 주의하기에 발생된 경우는 매우 드문 사례입니다. 결국 HIV 감염은 성병이므로 안전한 성생활이 이를 막는 지름길입니다.

HIV 감염의 초기 증상

HIV 감염의 첫 증상은 감염된 후 6주 이내에 나타나며 독감과 비슷합니다. 즉, 림프절 종창(림프관염)이 나타나고, 열이 나며, 피로감과 함께 근육에 통증을 느낍니다. 피부에 발진이 일어나고 인후통(침이나 음식을 삼킬 때 목에 통증)이 생깁니다. 이런 증상들은 보통 몇 주 안에 사라지기에 많은 환자들이 감염된 사실을 모른 채 생활합니다.

감염기간이 길어지면 림프절 종창이 잘 낫지 않고 지속되며, 아구창 같은 구내 감염에 걸립니다. 잇몸질환이 생기며, 단순포진 감염과 입속의 궤양이 잘 낫지 않습니다. 외음부에 광범위하게 사마귀가 생기고, 가렵고 비듬이 생기는 피부 병변이 나타나며 체중이 갑자기 감소합니다. 감염되고 나서 짧게는 1년 안에 길게는 14년 후에 에이즈로 발병합니다. 환자들은 감염된 사실을 알지 못하다가 심각한 증상이 나타나거나 에이즈로 암이 발생한 후에 감염 사실을 알게 됩니다.

조기에 검사하여 치료대책을 세워야

위험한 행위를 한 후에 HIV 감염이 의심되거나 걱정되면 항체 검사로 감염여부를 확인할 수 있습니다. 12주 이후 검사가 가장 정확한데, 비뇨기과에서 오라퀵이나 키트검사를 실시하여 10분 이내에 음성(한 줄)인지 양성(두 줄)인지를 확인할 수 있습니다. 의심이 되는 사람은 가까운 보건소에서 무료로 검사를 받을 수 있습니다. 감염여부는 본인에게만 알려줍니다.

국가는 HIV 감염자를 보건소에서 관리합니다. 감염자는 3개월 간격으로 주소지 보건소에서 상담하고 6개월 간격으로 면역검사를 합니다. 면역기능이 저하되거나 합병증이 발생했을 때는 발병 억제제를 투약할 수 있습니다. 생활이 어려운 감염인은 의료급여 수급자로 등록하여 의료비를 지원받을 수 있고 생계급여를 받을 수도 있습니다. HIV 감염 환자의 치료비와 간병비는 전액 세금으로 처리됩니다.

HIV 감염은 백신이 없어 예방이 안 되고 치료제도 없습니다. 다만 약을 먹으면 바이러스 증식을 막으니 바이러스를 지닌 채 사는 것입니다. 죽을 때까지 먹어야 하는 약값과 추가되는 검사비와 다른 약까지 하면 적지 않는 돈이 듭니다. HIV 감염이 늘수록 환자의 삶의 질은 떨어지고 사회적 비용이 늘어나기에 가장 좋은 대책은 예방하는 것입니다.

질병관리청은 2025년 기준 내국인 HIV 신규 감염자는 총 657명으로 2022년(824명) 이후 3년 연속 감소했다고 발표했습니다. 의료계 등에서는 HIV에 대한 인식 개선과 더불어 비감염자를 대상으로 한 '예방약'(길리어드사이언스 트루바다) 지원 확대가 신규 감염자 감소에 영향을 미친 것으로 분석합니다. 이 예방약은 환자가 아닌 건강한 사람이 복용 대상이고, HIV가 체내에 침입하더라도 증식하지 못하고 사멸하도록 만드는 효과가 있습니다.

호스피스, 존엄한 죽음을 위한 선택입니다

결혼식은 당사자나 혼주가 가족과 친지 등에게 미리 알리지만, 부고는 예기치 못한 순간에 핸드폰 문자로 전달되기도 합니다. 태어나서 늙고 병들어 죽는 '생노병사'는 피할 수 없기에 죽음을 어떻게 맞이할 것인가는 참으로 중요한 일입니다.

호스피스는 의료행위

말기암 환자를 포함하여, 회생 가능성이 희박한 만성간경화, 후천성면역결핍증(AIDS), 만성폐쇄성호흡기질환 환자도 호스피스를 이용할 수 있습니다. 호스피스는 무의미한 연명의료를 중단하고 임종까지 통증 완화를 위한 최소한의 의료행위만 제공하는 것입니다.

연명의료결정법상 호스피스는 의료행위이지만 그 뿌리는 봉사활동이었습니다. 호스피스(Hospice)의 사전적 의미는 죽음이 가까워진 환자에게 목숨연명술 대신 평안한 임종을 맞이할 수 있도록 준비를 돕는 봉사활동에서 시작되었습니다. 라틴어 Hospes(손님)에서 유래한 말로

성지순례자들이 하룻밤을 쉬어가는 곳이라는 의미를 가집니다. 십자군 전쟁으로 인해 많은 부상자들이 생겨났을 때 수녀들이 호스피스에서 이들을 치료하며 임종을 앞둔 사람들이 편안하게 죽음을 맞을 수 있도록 도왔습니다. 호스피스는 죽음도 삶의 자연스러운 과정 중 하나라는 것을 인식시키고 환자의 고통 완화를 돕는 활동입니다. 호스피스는 종교적 배경을 가진 병원이나 단체에서 하는 경우가 많았습니다.

호스피스는 치료가 아닌 완화의료

질병을 '치료의 관점'에서 바라보는 경향이 있습니다. 조선시대 말에 서양의학이 도입된 이후 모든 질병을 치료할 수 있고, 환자는 질병을 치료하기 위해 병·의원에 통원하거나 입원해야 한다는 생각을 가졌습니다.

그런데, 어떤 질병은 극복하기 어렵고, 모든 죽음은 삶과 연결되어 있기에 자연스러운 현상입니다. 현대의학으로도 치료하기 어려운 질병을 가진 환자가 '**연명치료**'에 매달리는 것은 큰 고통과 슬픔을 주기에 연명치료를 하지 않고 존엄한 죽음을 맞이하자는 운동이 일고 있습니다. 말기암 환자처럼 죽음이 임박한 사람이 고통스러운 치료를 받기 보다는 통증을 완화하면서 죽음을 맞이할 수 있도록 하자는 활동이 광범위하게 이루어졌습니다. 오랫동안 호스피스 혹은 완화의료는 '봉사활동'으로 인식되고 '의료활동'으로 간주되지 않았지만 최근 변화의 바람이 일고 있습니다.

호스피스·완화의료 이용방법

호스피스는 환자나 가족이 원한다고 해서 누구나 이용할 수 있는 상황은 아닙니다. 연명의료결정법에 근거하여 정부가 정한 기준에 맞는 환자만 병원이 제공하는 호스피스를 이용할 수 있습니다. 정부는 연명의료결정법 제정 직후 정부, 의료계, 법조·윤리계, 종교계 등으로 구성된 후속조치 민관 추진단과 호스피스, 연명의료 분과위원회 등을 운영하고 공청회 등을 거쳐 의견수렴 결과를 반영한 후 하위법령을 마련했습니다.

이에 따라 말기 환자 진단 기준, 법률 시행에 따른 관리기관에 대한 구성 및 운영규정, 연명의료계획, 호스피스 신청 등이 정해져 있습니다. **말기환자**는 담당의사와 해당분야 전문의 1명이 진단합니다. 그 기준은 임상적 증상, 다른 질병 또는 질환의 존재 여부, 약물 투여 또는 시술 등에 따른 개선 정도, 종전의 진료 경과, 다른 진료 방법의 가능 여부 등을 종합적으로 고려하게 됩니다. 해당 질병을 치료할 수 있다는 약물 투여나 시술로는 더 이상 치료할 수 없다는 진단이 내려진 환자만 호스피스를 이용할 수 있습니다.

병원이나 집에서 받을 수도 있음

호스피스·완화의료를 관리할 **중앙호스피스센터**는 국립암센터에 있습니다. 중앙호스피스센터는 암 환자들을 상대로 호스피스 사업을 운영해온 경험을 살려 인력 교육·훈련, 호스피스 연구, 사업계획 수립, 홍보 등 정책을 주도합니다.

호스피스전문기관이 되길 원하는 의료기관은 국립암센터에 신청하여 지정받을 수 있습니다. 현재 전문 호스피스 병동에서 서비스를 받는 '입원형 호스피스'가 중심이지만, 생존기간이 길고 질환치료를 병행해야 하는 환자는 일반병동에 입원하거나 가정에서 서비스를 받는 '자문형 호스피스', '가정형 호스피스'로 확대됩니다. 호스피스를 받길 희망하는 환자와 가족은 시범 병원을 찾기 바랍니다.

또한, 연명의료결정법 하위법령에는 연명의료 중단과 관계된 개정사항도 담겼습니다. **연명의료**는 임종과정에 있는 환자에 대한 심폐소생술, 인공호흡기 착용, 혈액투석, 항암제 투여 등을 말합니다. 환자가 **'사전연명의료의향서'** 등을 등록하면 본인의 의사에 따라 연명치료를 받지 않고 '존엄한 죽음'을 맞이할 수 있습니다.

사전연명의료의향서를 등록기관에 보관할 수 있음

죽음에 임박한 상황이 되었으나 본인의 의사가 불분명한 경우, 가족이나 의료진은 현존하는 의학기술을 동원하여 인위적인 생명의 연장을 위해 노력하는 경향이 있습니다. 이 경우 본인의 의사와 관계없이 인위적인 생명 연장 장치에 의존하게 되어 인간의 존엄을 유지하지 못할 가능성에 대비하여, 자신이 미리 자신의 의료 방향에 대하여 결정할 수 있도록 한 문서가 **'사전연명의료의향서'**입니다.

19세 이상인 사람은 건강할 때 혹은 필요할 때 '사전연명의료의향서'를 직접 문서로 작성하여 보건복지부장관이 지정한 등록기관에 보관하면 됩니다. 이 법에서 정한 의료기관, 보건소, 보건의료원, 보건지소 및 건강생활지원센터 등 지역보건의료기관, 사전연명의료의향서에 관한 사업을 수행하는 비영리법인 또는 비영리단체 및 법에 정한 공공기관에 등록하여야 효력이 발생됩니다. 이 문서에는 연명의료중단 등의 결정, 호스피스의 이용, 작성 연월일 등이 포함되며, 등록기관은 작성자에게 이 의향서의 효력 및 효력 상실에 관한 사항 등을 충분히 고지해야 합니다.

사전연명의료의향서 참여자 수가 꾸준히 증가

사전연명의료의향서에 거부할 수 있는 연명치료의 종류는 심폐소생술, 혈액 투석, 항암제 투여, 인공호흡기 착용, 체외생명유지술, 수혈, 혈압상승제 투여 등입니다.

보건복지부는 이 제도 시행 5년 8개월 만에 참여자 수가 200만 명을 넘겼고, 7년 6개월 만인 2025년 8월 7일에 300만 명을 넘겼다고 발표했습니다. 실제 의료기관에서 연명의료중단등 결정을 이행한 누적 건수는 45만 건 이상입니다. 사전연명의료의향서 등록기관은 전국 795개소로 점차 증가하고 있습니다.

고령층의 의사와 달리 실제 연명의료 비율은 여전히 높습니다. 2023년 노인실태조사에서 65세 이상의 84.1%는 회복 가능성이 없다면 연명의료를 받지 않겠다고 답했지만 같은 해 65세 이상 사망자 29만명 중 67%는 연명의료를 받았습니다. 따라서 의료기관에서도 중환자와 고령환자 그리고 그 가족에게 이 의향서를 안내하고 환자가 의사능력이 있을 때 작성할 기회를 제공해야 할 것입니다.

사례 장기기증과 시신기부

이00(남, 67세)는 의료급여 수급자이고, 배우자와 사별하였으며 자녀가 있으나 연락두절된 상황이었다. 감기증상으로 10일 이상 고열로 인해 응급실에 내원하여 정밀검사 결과 급성 백혈병으로 진단받았다. 환자가 의식이 있을 때 사회복지 상담을 원하여 상담했다. 그는 복지제도로 많은 도움을 받았는데 자신은 줄 것이 신체라고 하면서 장기기능과 시신기부가 가능하면 절차를 밟아 주길 원하여 해당 서류를 작성하였다.

상당한 기간 항암치료를 하였으나, 퇴원 후 가족의 돌봄이 전혀 없는 상황에서 질병의 다른 증상인 폐렴으로 중환자실로 입원하였다. 장기기증센터를 통해 장기기증 절차를 알아본 결과 항암치료를 하여 장기기증은 할 수 없다고 했다. 시신기부는 의과대학해부학교실을 통해 가족이 없을 경우에는 기부가 안 되어 자녀를 찾아본 결과 연락이 되었다. 중환자실에서 어느 정도 의사소통이 되어 자녀와도 화해할 기회가 마련되었다. 환자가 작성해 둔 서류와 자녀의 동의로 시신 기부절차가 이루어져 의학발전에 기여하게 되었다.

사례 연명치료에 대한 의사결정 돕기

최00(여, 74세)는 건강보험 적용대상자이고 2인 가족이었다. 자신명의 집이 있고, 국민연금 유족연금과 기초연금 수급자이었다. 건강하여 진단되기 직전까지 경로당에 가는 등 활발한 사회활동을 했다. 평소 연명치료에 대한 거부 의사가 있었으나 사전연명의료의향서를 작성하지 못한 채 말기질환자임을 알게 되었다.

본인의 의사에 따라 연명치료에 대한 의료진의 안내를 받고 자신의 건강상태를 의료진에 의해 정확히 인지했다. 자녀들에게는 의료비 부담을 주기 싫고 환자도 고통스럽게 중환자실에서 유언도 하지 못한 채 임종을 맞이하지 않겠다고 했다. 1개월 전에 연명의료계획서를 작성하고 가족들과 충분한 대화를 나누었다. 마지막 2주전에는 호스피스병동으로 전원하여 존엄하게 마무리할 수 있도록 도움을 주었다.

사례 호스피스와 무연고자 장례절차 지원

송00(남, 57세)은 의료급여 수급자이고, 미혼인데 부모는 사망하고 형제자매는 없었다. 환자는 54세까지 건강하고 활발한 경제활동을 하였다. 3년 전 길에서 넘어져 다리 골절로 수술을 앞두고 당뇨, 심뇌혈관질환, 류마치스관절염 등을 진단받았다. 그로부터 질병과 관련된 병원생활을 계속하다 보니, 저축한 돈이 소진되고 집도 팔았다.

근로능력이 없다 보니 의료급여 수급자를 취득하였다.

임종단계에서 가족이 전혀 없어 호스피스병동에서 심적, 영적 힘듬에 대해 도움을 받아 원망으로 가득한 자신의 삶을 감사한 마음으로 평온을 유지하게 되었다. 가족이 없을 경우 시신기부도 할 수 없으므로 기초생활보장 수급자에 대한 장제비 지원을 활용하여 영안실 무료이용, 화장터무료이용, 시신처리 등으로 고인의 영혼에 존엄을 지킬 수 있었다.

사례 무연고자 연명치료에 대한 의사결정 존중

신00(남, 80세)은 기초생활보장 수급자이고 여관방에 주소를 두고 있었다. 50여년 전 결혼하였으나 자녀가 없어 부부싸움을 빈번히 하다가 이혼하면서 떠돌이로 생활했다. 3년전 건강이 좋지 않아 병원에 방문하여 고혈압, 당뇨, 심혈관질환이 있는 환자로 입퇴원이 반복되면서 경제적 이유로 사회복지상담을 통해 기초수급자를 취득했다. 터미널, 숙소 등에서 TV를 통해 연명치료거부에 대한 정보를 알게 되어 병원의료사회복지사를 통해 사전연명의료의향서를 작성해 놓았다. 가을철 심한 폐렴으로 응급실을 통해 중환자실에 입원하였다. 국가전산망에 사전연명의료의향서 작성이 확인되어 연명치료를 하지 않고 본인의 의사결정이 존중되었다.

노인 틀니와 임플란트는 보험처리됩니다

노인은 어금니와 앞니 등 평생 2개의 임플란트와 틀니 시술을 건강보험 수가로 받을 수 있습니다. 노인은 치과에 가서 진료를 받아 시술이 필요하다는 판정을 받은 후에 시술동의를 하여 등록하면 됩니다.

틀니·임플란트 시술, 시중 가격 30%로

건강보험이 적용되지 않는 틀니와 임플란트의 시술 가격은 치과마다 다르고, 틀니는 1악당 144만 원에서 150만 원 가량입니다. 보험가격은 의원급의 경우 완전틀니는 레진상이 107만 원, 금속상이 124만 원, 부분틀니는 130만 원이고, 노인은 그중 본인부담금만 내면 됩니다. 다만, 금니와 티타니움 재료의 이는 건강보험이 적용되지 않습니다.

임플란트는 1개당 보험수가가 123만 원입니다. 보험수가가 관행가격보다는 낮기에 노인들은 경제적으로 큰 부담 없이 틀니나 임플란트를 할 수 있습니다. 보험수가는 매년 달라지기에 치료할 때 가격을 확인하기 바랍니다.

2017년 11월부터 본인부담금의 비율도 50%에서 30%로 낮아졌습니다. 의료급여 1종은 보험수가의 5%, 2종은 15%의 본인부담으로 틀니와 임플란트를 할 수 있습니다. 차상위 대상자 중 희귀난치성 질환자는 5%, 만성질환자는 15%의 본인부담금으로 받을 수 있습니다.

틀니와 임플란트, 건강보험 적용 조건과 효과

틀니는 한번 하면 7년간 사용한 후에 다시 보험으로 할 수 있습니다. 다만, 구강상태가 심각하게 변화되어 의료적으로 불가피한 경우에는 1회에 한하여 추가로 할 수 있습니다. 무상보상기간은 틀니 장착후 3개월간 6회의 범위에서 시술료 없이 진료비만으로 받을 수 있습니다.

건강보험이 적용된 임플란트 시술을 받으려면 일부 치아가 남아 있는 '부분무치악' 환자여야 합니다. 앞니 임플란트도 어금니 임플란트가 불가능한 때에만 건강보험 적용을 받을 수 있습니다.

노인에 대한 틀니와 임플란트 건강보험 적용은 진료비 부담을 줄이고 건강한 생활을 위해 큰 도움이 됩니다. 노인의 건강보험 보장률이 2013년 67.5%에서 2014년 70.6%로 높아졌는데, 이는 전체 연령대의 보장률인 63.2%에 비교하여 높은 수준입니다.

'문재인 케어'를 통해 건강보험 보장률은 2019년 64.2%로 증가되고, 노인의 보장률은 70.7%로 상대적으로 높았습니다. 요양취급기관별로 보면, 종합병원의 보장률은 69.5%이고, 영양주사나 물리치료 등 비급여 항목이 많은 개인병원은 57.2%이었습니다.

정부의 노력에도 2020년 건강보험 보장율은 65.3%로 OECD(경제협력

개발기구) 평균인 87%보다 한참 낮습니다. 이후에도 큰 변화가 없는 것은 많은 국민이 실손의료보험에 가입하여 비급여 항목도 받기 때문인 듯합니다.

노인 치과, 아직도 벽이 높음

틀니와 임플란트에 대한 건강보험이 확대되었지만, 노인이 치과를 이용하기에는 아직도 벽이 높습니다. 가장 큰 이유는 치과치료비의 개인 부담이 너무 크기 때문입니다.

여기에는 두 가지 이유가 있습니다. 하나는 일반적으로 치과 치료비가 높고, 상당한 기간 동안 지속적으로 치료를 받아야 하기 때문입니다. 다른 하나는 치료비의 본인부담율이 50%로 다른 진료과목보다 턱없이 높기 때문입니다.

건강보험은 외래로 이용할 때 본인부담율이 의원급은 진료비의 30%, 병원은 40%인데, 치과는 모두 50%입니다. 건강보험이 적용되어도 저소득층 노인에게는 높은 본인부담금으로 틀니와 임플란트 치료는 '그림의 떡'이 되기 쉽습니다.

치과에 대한 건강보험 확대시켜야

완전틀니에 대한 건강보험 급여를 시행한 첫 해에 건강보험을 이용한 경우는 정부가 추계한 양의 10%에도 미치지 못했습니다. 틀니와 임플란트에 대한 치료비를 절반 이상으로 낮추었지만, 노인들은 경제적 부담으로 치과치료를 받는 것을 신중하게 결정했다는 증거입니다.

또한, 65세 미만의 틀니와 임플란트에 대해서는 건강보험이 적용되지 않는 것도 개선되어야 합니다. 치아는 사람에 따라 그 망실 정도가 다르고, 50대부터 임플란트의 필요성이 늘어나기에 그 대상을 60세 이상으로 점진적으로 확대시켜야 합니다. 특히 출산과 양육을 한 여성은 남성보다 일찍 나빠지는 경향이 있습니다. 임플란트 보험처리 연령을 60세 이상으로 낮추고 4개까지로 확대하면 좋겠다는 여론이 높습니다. 연령을 낮추는 것은 추가 예산이 없이도 바로 적용할 수 있습니다. 치과진료에 대한 건강보험의 확대가 보험 재정에 부담이 된다면 연령별로 차이를 두는 것도 한 방법입니다.

치과진료는 건강보험이 적용되지 않는 경우가 많아 관행수가가 높은 편입니다. 건강보험수가는 관행수가의 80% 수준이므로 당분간 본인부담비율을 조금 높게 하더라도 건강보험의 적용 범위를 확대시켜야 합니다. 치아는 건강의 기본이고, 건강할 때 지켜야 하기 때문입니다.

'100세 시대'에 치아건강이 중요

임플란트는 시술하고 나서 6개월마다 정기적으로 체크를 받아야 하는데, 건강한 치아를 위해 관리가 중요합니다. 채소와 과일에 들어 있는 섬유질은 치아 건강에도 매우 좋습니다. 아삭아삭한 섬유질을 씹는 행위는 잇몸 뼈에 적절한 자극을 주고 치아 주변에 남아 있는 음식물 찌꺼기도 청소해 충치가 생기거나 잇몸병에 걸릴 확률이 줄어듭니다.

치아건강을 위해 당분이 든 음료수를 멀리해야 합니다. 나이가 들면 잇몸 뼈가 점점 사라지면서 치아 뿌리가 드러나는데, 치아 뿌리는 치아 머리와는 달리 매우 약합니다. 특히 설탕에 취약해 충치가 생기기 쉽기에 설탕이 든 음료를 마신 후에는 바로 불소가 함유된 치약으로 양치하기 바랍니다.

양치를 잘하더라도 치아 표면에는 치석이 생기기 마련입니다. 한번 생긴 치석은 딱딱해져 칫솔질로는 제거하기 어렵기에 40대 이상은 6개월마다 치과에서 치석 제거를 받기 바랍니다. 치석 제거는 건강보험이 적용되어 개인은 전체 비용의 30%만 지불하면 됩니다. 잇몸질환이 있는 환자는 당뇨 및 고혈압에 걸릴 확률이 잇몸질환이 없는 사람보다 3배 높다고 합니다.

단골의원을 지정하면 본인부담이 낮아집니다

국민건강보험공단과 건강보험심사평가원이 발표한 '2024년 건강보험통계연보'에 따르면, 건강보험공단 급여와 본인부담금을 합한 전체 **건강보험 진료비**는 116조2,375억원으로, 2023년보다 4.9% 늘었습니다. 이는 건강보험공단이 의료기관과 약국에 지불한 진료비(87조5,774억원, 전체의 75.3%)와 환자가 의료기관 등에 지불한 본인부담금(28조6,601억원)을 합한 것입니다. 여기에는 건강보험이 적용되지 않는 비급여 진료비와 환자가 개별적으로 지불하는 간병비 등은 포함되지 않았습니다.

노인 환자가 진료비의 44.9%를 씀

2024년에 건강보험으로 처리된 노인진료비는 52조1,935억원으로 전체 건강보험 진료비의 44.9%에 달했습니다. 2017년 28조3,247억원에서 7년 사이 1.84배 늘어난 것입니다. 건강보험 가입자 중 노인 인구는 2017년 680만6천명(13.4%)에서 2024년 971만명(18.9%)으로 290만명 넘게 늘었습니다. 노인 1인당 진료비는 537만원으로 전체 평균 220만원의 2.4

배입니다.

주요 질환별 진료비는 고혈압·당뇨 등 만성질환이 주를 이룹니다. 고혈압 환자수는 약 1200만명 진료비는 10조원이고, 암 치료비도 15조원을 넘었으며, 정신건강 관련 지출이 20% 증가해 사회적 이슈를 반영합니다.

노인진료비를 합리적으로 줄여야

노인의 병원 진료비가 크게 증가하는데, 이에 대한 합리적인 대책이 절실합니다. 가장 손쉬운 방법은 만성질환자가 단골의원을 활용하는 것입니다. 고혈압이나 당뇨병 환자가 동네 의원 한 군데를 계속 이용하면 진료비 본인부담률이 30%에서 20%로 줄어드는 '**의원급 만성질환 관리제도**'를 이용하면 좋습니다. 환자가 고혈압이나 당뇨병으로 자주 진료받는 의원에서 의사에게 "단골의원으로 지정하고 싶습니다"라고 말하면 해당 의사가 신청해줍니다. 신청한 이후에는 그 질병은 단골의원에서 진료를 받아야 합니다.

노인이 많이 걸리는 질병은 증상을 관리하여 악화를 막는 것이 많습니다. 노인이 영양가 있는 음식을 제때에 먹어 기초체력을 다지고 면역력을 높여야 합니다. 심한 운동보다는 날마다 산책을 하면서 햇빛을 받는 것이 건강관리에 도움이 됩니다.

늙으면 병들고 병이 들면 삶을 포기하고 싶은 생각이 나기에 우울증을 잘 관리해야 합니다. 언론은 청소년 자살을 걱정하지만, 실제 자살율이 가장 높은 집단은 노인입니다. 노인은 영양가 있는 식사, 꾸준한 산책, 좋은 인간관계를 통해 건강을 지키고 삶의 질을 높여야 합니다.

국민건강보험은 건강보장의 대들보

국민건강보험은 사업장의 근로자 및 사용자와 공무원 및 교직원, 그리고 그 피부양자로 구성되는 **직장가입자**와 이를 제외한 **지역가입자**로 나뉩니다. 2024년 말 기준 의료보장(건강보험+의료급여) 적용인구는 5,300만명이고, 그중 **건강보험 적용인구**는 5,144만명(전체의 97.1%)입니다. 건강보험 적용인구 중 직장가입자는 3,577만명(69.5%)이고 지역가입자는 1,567만명입니다.

건강보험 재정은 보험료 부과액 84조1,248억원으로 전년 대비 2.5% 증가했습니다. 그중 직장보험료 74조6,196억원, 지역보험료 9조5,052억원입니다. 세대당 월평균보험료는 13만4,124원인데, 직장인은 15만9,184원이고, 지역주민은 8만2,186원입니다. 연도별 보험료율은 2020년 6.67%, 2022년 6.99%, 2024년 7.09%, 2026년에는 7.19%입니다. 2024년에 건강보험 가입자와 피부양자는 건강보험료로 84조1,248억원을 내고 87조5,774억원을 받았는데, 이러한 차이(3조4,326억원)는 보험료 이외에 세금으로 조성되는 돈이 있기 때문입니다.

요양기관과 의료인력은 점차 증가

2024년 **요양기관수**는 10만3,308개소이고 전년 대비 1.5% 증가했습니다. 요양기관은 의원, 치과, 한방 순으로 많습니다.

요양기관 의료인력은 48만7,994명으로, 전년 대비 2.0% 증가했습니다. 그중 간호사 28만명, 의사 10만9천명, 약사·한약사 4만3천명입니다. 정부와 의료진과의 갈등으로 의사수는 4.7% 감소하고 간호사수는 증가했습니다.

모든 국민은 건강보험을 잘 활용하여 건강을 지켜야 할 것입니다. 모든 사람이 건강을 잘 지켜야 진료비를 줄이고 삶의 질을 누릴 수 있습니다.

본인부담금 한도액은 소득수준에 따라 다릅니다

건강보험은 진료비 '**본인부담금상한제**'를 적용합니다. 건강보험에 가입한 개인과 그 가족은 진료비의 일정한 비율만 지불하고 요양급여 등을 받을 수 있습니다. 일반적으로 외래로 진료를 받을 때에는 이용자가 의원 진료비의 30%, 병원은 40%, 종합병원은 50%, 상급종합병원은 60% 이상을 부담합니다. 입원은 요양취급기관의 종류에 상관없이 20%를 부담합니다.

전체 진료비 중에는 건강보험이 적용되는 것과 그렇지 않는 것이 있습니다. 진료를 받은 사람은 건강보험으로 처리되는 급여만 일정한 비율을 부담하고, 나머지 진료비는 전액 부담해야 합니다. 건강보험에서 진료비의 일정한 비율이 처리되더라도 본인부담금이 너무 많으면 진료를 꺼릴 수 있습니다. 이에 국가는 고액·중증질환자의 과도한 의료비로 인한 경제적 부담을 덜기 위해 연간 본인일부부담금(비급여, 선별급여 등 제외)의 총액이 개인별 상한금액을 초과하는 경우에 건강보험공단이 부담하는 '본인부담금상한제'를 시행합니다.

본인부담금상한액, 소득분위별로 다름

본인부담금상한액은 소득분위별로 다릅니다. 소득 10분위를 기준으로 낮은 사람은 본인부담금이 연간 89만 원만 넘으면 모두 보험으로 처리되고, 소득분위가 높아질수록 본인부담상한액이 높아집니다.

2018년부터는 소득 하위 50%는 본인부담상한액을 크게 낮추고, 상위 50%는 물가수준 상승률만큼만 인상하였습니다. 2025년에는 일반병원의 경우에 1분위는 89만 원, 2-3분위 110만 원, 4-5분위 170만 원, 6-7분위 320만 원, 8분위 437만 원, 9분위 525만 원, 10분위는 826만 원으로 조정되었습니다. 요양병원 120일 초과 입원할 때 1분위는 141만 원, 2-3분위 178만 원, 4-5분위 240만 원, 6-7분위 396 원, 8분위 569만 원, 9분위 684만 원, 10분위는 1,074만 원으로 조금 높습니다. 본인부담상한제의 액수는 매년 인상되는 경향이 있습니다.

본인부담금상한제, 건강보험 보장성 높임

본인부담금상한제로 인하여 소득이 높은 사람도 연간 건강보험으로 처리되는 진료비가 826만 원(요양병원 120일 초과 입원할 때 1,074만 원)을 넘으면 본인부담금이 면제됩니다. 소득 하위 50%의 본인부담금상한액이 낮아서 환자 부담이 적습니다.

고액 진료비를 내야 하는 의료행위는 건강보험이 적용되는 비급여항목이 적지 않고, 간병비, 치료를 받느라 돈을 벌지 못한 것 등을 고려하면 본인부담금상한액을 두는 것은 바람직한 조치였습니다.

본인부담금상한제 지급 방법과 절차

본인부담금상한제는 사전급여와 사후환급으로 시행됩니다. 사전급여는 병원 등 요양취급기관이 환자의 연간 진료비 총액을 쉽게 알 때에 시행하는 방식입니다. 어떤 환자가 동일 요양기관의 연간(매년 1월1일부터 12월31일까지) 입원 본인부담액이 최고상한액(2025년 기준 826만 원)을 초과할 경우 요양기관에서 건강보험공단에 청구합니다.

환자가 여러 요양취급기관을 이용한 경우에는 특정 기관이 그 환자가 얼마만큼의 본인부담금을 냈는지를 알 수 없기에 사후환급을 활용합니다. 사후환급은 상한액기준보험료 결정 전·후로 지급됩니다. 상한액기준보험료(개인별 연평균보험료)와 관련 지역가입자는 세대, 직장가입자 및 피부양자는 가입자 보험료(다음 연도 4월에 정산된 확정보험료)를 기준으로 합니다.

보험료가 결정되기 이전에는 개인별로 누적 본인부담금이 최고상한액을 초과할 경우 매월 초과금액을 계산해 지급하고, 보험료 결정 이후에는 연간 본인부담상한액 초과금을 소득기준별로 정산해 초과금액에 대해서 지급합니다. 사후환급은 소득분위별로 환급금액을 획정해야 하기에 상당한 시일이 걸립니다.

본인부담금상한제, 노인장기요양보험에도 도입해야

본인부담금상한제는 건강보험에만 적용되고 노인장기요양보험에는 적용되지 않아서 노인환자가 요양병원을 오남용하는 경우가 많습니다. 노인이 요양병원에 입원하려면 제한 없이 입원할 수 있지만, 요양시설에 입소하려면 반드시 사전에 요양등급판정을 받아야 합니다.

요양병원은 연간 진료비가 소득분위에 따라 141만 원에서 1,074만 원을 넘으면 모두 보험처리 되지만, 요양시설은 본인부담금상한제가 전혀 없어서 본인부담금이 훨씬 많습니다. 더욱이 요양병원에서 식비는 건강보험수가에 포함되지만, 요양시설에서 식비와 간식비는 요양보험수가에 포함되지 않아 전액 이용자가 부담해야 합니다. 이러한 불평등으로 인하여 요양시설을 이용하는 것이 적절한 노인이 요양병원으로 몰리고, 입원이 불필요한 노인조차 요양병원에 입원하는 경우가 적지 않습니다. 이 문제를 해결하기 위해서 노인장기요양보험에도 본인부담금상한제를 도입해야 합니다. 요양병원으로 환자가 몰리는 것을 억제하기 위해 정부는 2023년부터 요양병원 120일 이상 입원시 본인부담금상한제를 조금 인상하였습니다.

2023년부터 소득상위 30%의 상한액을 높임

본인부담상한제를 도입한 2004년 이후 지급 규모와 인원은 단기간 내 급증했습니다. 2015년 9902억 원(52.4만명)이었던 지급 규모는2021년 2조3860억원(175만명)으로 껑충 뛰었고, 2016년부터 2021년까지 5년간 급여비 연평균 증가율인 8%와 비교해 상한제 환급금 연평균 증가율은 17.3%이었습니다.

이에 정부는 소득상위 30%에 해당하는 8분위~10분위의 상한액을 상향 조정했습니다. 또한, 상급종합병원에서 외래로 진료받는 경증질환

105개는 본인부담상한제 적용 질환에서 제외했습니다. 추가로 실손 이중수령도 방지했습니다. 건강보험 본인부담상한제 환급금과 실손 보험금 이중수령 방지 방안을 마련해 실손이 보장하는 본인부담을 본인부담상한제에서도 환급해 이중지급 발생해 의료이용이 늘어나는 구조를 바꾸었습니다.

의원급 외래 진료 받을 때 본인부담이 낮음

정부는 노인 환자가 의원급 외래 진료를 받을 경우 본인부담금을 줄여주는 **'노인 외래진료비 경감제도'**를 개선하였습니다. 2018년부터는 노인 진료비가 1만5000원 이하이면 본인이 1500원을 정액으로 내고, 1만5000원 초과에서 2만 원 이하는 진료비의 10%, 2만 원 초과에서 2만5000원 이하는 진료비의 20%, 그리고 2만5000원 초과는 30%를 냅니다.

과거 1만5000원이 기준이 되었지만, 진료비가 매년 올라 1만5000원을 넘기면 환자의 본인부담금이 1500원에서 4500원 이상이었던 것을 단계별로 조정했습니다. 이러한 조정은 노인의 부담을 줄여 의원의 이용을 장려하기 위한 조치입니다. 건강보험 진료비 본인부담금상한제와 노인 외래진료비 경감제도를 잘 활용하기 바랍니다.

건강보험료는 이렇게 산정됩니다

2018년 7월부터 건강보험료 부과기준이 바뀌었습니다. 새 기준은 저소득층 가구의 보험료를 내리고, 고소득층의 보험료를 올렸습니다. 소득과 재산이 적은 건강보험 지역가입자 589만 세대의 보험료가 월평균 2만2000원 줄고, 연 소득 천만 원 이하 지역가입자는 월 1만 3100원의 최저보험료가 적용되었습니다. 재산과 자동차에 부과되는 보험료도 크게 줄었습니다. 84만 세대는 보험료가 오르거나 추가로 냅니다. 전 국민의 25% 가량이 영향을 받았습니다.

부담능력에 따라 공평한 보험료

국민건강보험의 적용대상자는 크게 직장가입자와 지역가입자로 나뉩니다. 직장가입자에게는 주로 근로소득에만 보험료를 부과하고, 지역가입자에게는 소득, 재산, 승용차에 보험료를 부과하고, 소득액이 낮은 경우에는 가족수에도 부과하였습니다.

이러한 보험료 부과체계는 직장가입자가 근로소득 이외에 다른 소득(예, 임대료 등 재산소득)이 있어도 고액이 아니면 보험료를 부과하지 않고, 지역가입자의 경우 소득능력이 없는 가족에게도 보험료를 부과하는 것은 부적절하다는 비판을 받았습니다. 이번 개편은 소득이 많은 사람에게 더 많은 보험료를 부과하고, 소득이 낮은 사람에게는 보험료를 덜 내도록 합니다.

부담능력이 낮은 사람의 보험료

저소득 지역가입자의 건강보험료 부담이 큰 폭으로 낮아집니다. 연간 소득 500만 원 이하 지역가입자 세대에 성, 연령, 재산, 자동차 등으로 소득을 추정해서 부과하던 이른바 '평가소득' 보험료를 폐지하였습니다. 소득이 거의 없는 사람에게 '머리수'를 계산하여 보험료를 부과한 것은 사회보험의 원리에 맞지 않다는 주장이 수용된 셈입니다.

건강보험공단이 **보험료를 매기는 소득**은 사업소득, 금융소득(이자+배당소득), 근로소득, 기타소득, 공적연금소득입니다. 이 가운데 지역가입자 사업소득과 금융소득, 기타소득은 필요경비를 90%까지 제외한 소득금액을 보험료 부과에 적용합니다. 특히 연소득 100만 원 이하(필요경비비율 90%를 고려하면 총수입 연 1000만 원 이하)인 저소득 지역가입자 451만 세대에는 '최저보험료'를 일괄 적용해 월 1만3100원 만 내면 되게 했습니다.

또한, 지역가입자 보유 재산과 자동차에 매기던 건강보험료를 낮춰 부담을 줄였습니다. 재산 보험료는 재산금액 구간에 따라 과세표준액에서 500만~1200만 원을 공제한 뒤 부과됩니다. 이렇게 되면 349만 세대(재산 보험료를 내는 지역가입자의 58%)의 재산 보험료가 평균 40% 감소됩니다.

자동차에 부과된 보험료는 낮아졌다 폐지됨

가격에 비교하여 지나치게 높았던 '자동차'에 부과되었던 보험료가 낮아졌습니다. 배기량 1600cc 이하의 소형차, 9년 이상 사용한 자동차, 생계형으로 볼 수 있는 승합·화물·특수자동차는 보험료 부과 대상에서 빠졌습니다. 중·대형 승용차(3000cc 이하)에 대해서는 보험료를 30% 감액합니다. 이런 조치로 288만 세대(자동차를 보유한 지역가입자의 98%) 자동차에 매기는 건강보험료는 평균 55% 인하되었습니다.

지역가입자 세대가 보유한 재산과 자동차에 부과하던 보험료 인하로 전체 지역가입자의 78%의 보험료는 기존보다 월평균 2만2000원 줄었습니다. 그럼에도 자동차에 건강보험료를 부과하는 것에 대한 비판은 그치지 않았습니다. 이에 보건복지부는 2024년부터 지역가입자의 건강보험 재산보험료 기본공제를 기존 5000만 원에서 1억 원으로 확대하고, 자동차에 부과되는 건강보험료를 폐지했습니다. 이에 따라 재산과 자동차를 가진 지역가입자의 건강보험료가 감액되었습니다.

고소득자는 보험료를 더 내야

한편, 월급이 7810만 원(연봉 9억3720만원)을 넘거나, 월급 이외의 다른 소득이 많은 직장인 13만4000여 명(전체 직장가입자의 1%)의 건강보험료가 인상됩니다. 고소득 직장인의 건강보험료가 오르는 이유는 월급 외 소득이 많은 경우 추가 보험료를 내는 기준이 강화되었기 때문입니다. 직장인은 근로소득을 기준으로 보험료가 부과되는데, 월급 외 고액의 이자·배당소득과 임대소득이 있으면 추가로 보험료를 냅니다. 그동안 월급 외 소득이 연간 7200만 원 초과하는 직장인에게만 부과되었지만, 2018년 7월부터 연간 3400만 원, 2022년 7월부터는 연간 2000만 원으로 기준이 바뀌었습니다. 고소득 직장인은 4만6000여 명(전체 직장가입자 0.3%)에서 13만 명(1.0%)으로 늘었습니다. 근로소득에 부과되는 보험료 상한액을 월 243만7000원에서 월 309만7000원으로 올렸고, 이후 매년 상한액은 조금씩 인상되어 2023년 391만1,280원, 2025년 450만4,170원으로 상향되었습니다[1] .

한편, 소득, 재산이 상위 2~3%인 지역가입자의 건강보험료도 오릅니다. 지역가입자 중 연소득이 3860만 원(총수입 연 3억8600만원)을 넘는 상위 2% 소득보유자와 재산과표가 5억9700만원(시가 약 12억원)이 넘는 상위 3% 재산보유자 등 32만 세대의 보험료는 소득 등급표 조정으로 인상되었습니다. 지역가입자의 상한액은 직장가입자 상한액과 연동되어 있고 그 절반 수준입니다.

---

1 건강보험료 상한액은 임금 인상 등을 반영해 보험료가 부과되는 연도의 2년 전 직장인 평균 보험료의 30배로 정합니다. 상한액은 2018년 619만3,140원, 2019년 636만5,520원, 2020년 664만4,340원, 2021년 704만7,900원, 2022년 730만7,100원, 2023년 782만2,560원, 2025년 900만8,340원 등 매년 조금씩 상향 조정됐습니다. 직장가입자는 본인과 회사가 절반씩 보험료를 부담해 초고소득 직장인이 실제로 내는 보험료는 위 금액의 절반에 해당합니다.

능력이 있는 '무임승차자'는 보험료를 내야

경제적 능력이 충분해도 직장가입자 건강보험에 무임승차했던 피부양자 32만 세대(36만명)가 지역가입자로 전환돼 건강보험료를 냅니다. 재산과 소득 등 경제적 능력이 있는 일부 피부양자(전체 소득있는 피부양자의 13%)는 비록 부모여도 지역가입자로 바뀌어 보험료를 부담해야 합니다. 소득요건으로 연간 소득을 합산한 금액이 3400만 원(2인 가구 중위소득의 100%)을 넘는 사람은 피부양자에서 제외되었고, 2022년 9월부터 연간 2000만 원 이상 소득자도 제외되었습니다.

재산요건도 강화돼 재산과표 5억4000원(시가 약 11억 원 수준)을 초과하고 연간 소득도 1000만 원을 넘으면 피부양자에서 지역가입자로 전환돼 보험료를 부담해야 합니다. 다만 경제활동능력이 부족하거나 자립한 것으로 보기 어려운 만 65세 이상, 만 30세 미만, 장애인, 국가유공·보훈대상 상이자는 합산소득 3400만 원 이하, 재산과표 1억8000만 원 이하, 동거 여부 등 소득·재산·부양요건을 충족할 경우 예외적으로 피부양자로 계속 인정받을 수 있습니다.

최저보험료와 건강보험요율의 인상

2022년 9월 건강보험료 부과체계 2단계 개편안이 적용된 후, 경제적 중·상위층의 건보료는 줄어들었지만, 하위 계층의 건보료는 늘어났습니다. 이번 개편으로 지역가입자의 최저보험료는 월 1만 4,650원(연 소득 100만 원 이하)에서 직장가입자와 동일한 1만 9,500원(연 소득 336만 원 이하)으로 올랐기 때문입니다. 책정된 보험료에 중증질환자·만 65세 이상 대상 등은 추가적인 경감 조치를 받지만, 최저보험료가 오르다 보니 경감 후에도 1·2·3분위의 부담이 커졌습니다.

한편, 직장가입자 건강보험료율이 2022년 6.99%에서 2023년 7.09%, 2026년 7.19%로 인상되고, 지역가입자의 건보료 부과점수당 금액은 205.3원에서 각각 208.4원, 211.5원으로 변경되었습니다. 직장가입자 본인이 부담하는 월 평균 건강보험료는 2022년 14만4643원(7월 기준)에서 2023년 14만6712원으로 올랐습니다.

반면, 지역가입자들의 보험료 부담은 다소 줄어들 전망입니다. 지역가입자 세대당 건보료 평균액은 2022년 1월 10만7630원에서 11월 8만8906원으로 17.4% 떨어졌습니다. 이는 2022년 9월 지역가입자 부과체계 2단계 개편에 따른 소득정률제(2022년, 6.99%) 도입과 함께 재산에 대한 기본공제 5천만 원 일괄 적용, 자동차의 경우 4천만 원 이상일 때만 보험료 부과, 1주택·무주택자의 주택금융부채에 대한 공제 등 지역가입자의 소득·재산에 대한 부담을 낮춘 결과 때문입니다.

지역가입자의 재산 보험료 부담 완화

보건복지부는 2024년 1월에 건강보험 지역가입자의 재산·자동차 보험료 부담을 완화하는 방안을 공표했습니다. 재산보험료 기본공제가 현행 5000만원에서 1억원으로 확대되면, 재산보험료를 납부하는 지역가입자 353만세대 중 330만세대가 평균 월 9만2000원에서 6만8000원으로 인하될 것입니다. 자동차에 부과되는 건강보험료도 폐지되면 9만6000

세대의 보험료가 평균 월 2만9000원 인하될 것입니다. 두 가지를 적용하면 지역가입자 333만세대의 건강보험료가 평균 월 2만5000원 인하될 것입니다. 2024년 2월분부터 건강보험료 산정시 재산보험료에서 자동차 항목은 폐지되었습니다.

건강보험 피부양자는 누구입니까?

최근 건강보험 피부양자 증가세가 꺾였습니다. 건강보험은 1977년부터 500인 이상 사업장 근로자에게 처음 적용된 후 점차 1인 이상 고용 사업장으로 확대되었습니다. 1988년에는 농어민에게 적용되고, 1989년에는 도시자영자를 포함한 모든 국민에게 적용되었습니다.

한국인은 **건강보험**과 **의료급여**(주로 가구 소득인정액이 기준 중위소득의 40% 이하)를 통해 의료보장을 받습니다. 국민의 97.1%가 건강보험을 적용받고, 2.9%가 의료급여를 적용받습니다.

피부양자는 얼마나 되는가

지역가입자는 가족 구성원이 모두 **피보험자**이고, 직장가입자는 가족 중 일부는 피보험자이고 나머지는 피부양자입니다. 직장인의 가족 구성원으로 건강보험료를 내지 않는 피부양자는 전체 건강보험 적용대상자의 약 40%에 달합니다.

2016년에 직장가입 피보험자 수가 1633만8천 명인데, 피부양자가

2033만7천 명으로 보험료를 내지 않는 피부양자가 24%나 많습니다. 직장가입자가 있는 세대는 평균적으로 1명이 보험료를 내고 보험급여는 2.24명이 누립니다. 연도별 피부양자는 2017년 2006만9000명에서 2020년 1860만7000명, 2021년 1809만명입니다. 당국은 피부양자가 충족 기준을 넘었는지 매달 조사하고, 기준을 벗어나면 사전 안내 후 지역가입자로 전환해 지역보험료를 부과하고 있습니다.

건강보험당국은 피부양자 요건을 강화해서 일정한 소득·재산·부양기준을 충족해야 합니다. 2022년 9월부터 소득 기준을 연간합산종합과세소득 3400만원 이하에서 2000만원 이하로 낮췄습니다. 피부양자 범위도 '배우자와 자녀, 부모, 조부모, 형제·자매'에서 '본인과 배우자의 1촌 이내 직계 존비속'으로 제한하고, 그 다음으로 '배우자와 미성년 자녀'로 범위를 좁힐 계획입니다.

피부양자는 누구인가

건강보험에서 **직장가입자**는 사업장의 근로자 및 사용자와 공무원 및 교직원, 그 피부양자로 구성되고 **지역가입자**는 직장가입자를 제외한 자를 대상으로 합니다. 건강보험 대상자 중 **피부양자**는 직장가입자에 의하여 주로 생계를 유지하는 자로서 보수 또는 소득이 없는 자를 의미하며, 직장가입자의 배우자, 직계존속(배우자의 직계존속 포함), 직계비속(배우자의 직계비속 포함)과 그 배우자, 형제·사매를 포함합니다.

피부양자 자격의 인정기준은 다소 복잡합니다. 국민건강보험법 시행규칙 제2조에서 정한 '별표 1에 따른 부양요건'과 '별표 1의2에 따른 소득요건'을 모두 충족한 경우에만 피부양자가 될 수 있습니다. 별표 내용을 요약하면, 직장가입자의 피보험자와 함께 사는 배우자, 자녀, 부모, 형제·자매 중 일정한 소득이 없는 사람은 피부양자가 될 수 있습니다. 따로 사는 경우에는 배우자와 자녀는 피부양자가 될 수 있지만, 부모, 형제·자매 등은 스스로 부양능력이 없거나 그와 함께 사는 부양의무자가 없을 때만 피부양자로 인정을 받을 수 있습니다.

직장가입자의 형제자매 중 소득이 없으면서 미혼이거나 이혼하더라도 피부양자가 될 수 있습니다. 하지만 배우자와 '사별'한 형제자매는 보수나 소득이 없어 생활이 어렵더라도 혼인관계가 종료되지 않은 상태로 피부양자 자격을 주지 않습니다. 이 때문에 결혼에 의한 차별이라는 민원이 있지만, 형제자매 부양요건은 혼인 여부를 주요 판단 기준으로 고려하고 민법상 부양의무자의 관계를 무시할 수 없습니다.

피부양자가 되는 인정 시점은 신생아는 출생한 날, 직장가입자의 자격 취득일 또는 가입자의 자격 변동일부터 90일 이내에 피부양자의 자격취득 신고를 한 경우에는 직장가입자의 자격 취득일 또는 해당 가입자의 자격 변동일입니다. 90일을 넘겨 피부양자 자격취득 신고를 한 경우에는 피부양자 자격(취득·상실) 신고서를 제출한 날입니다.

한편, 다음의 경우에 피부양자 자격을 상실합니다. 피부양자는 사망한 날의 다음 날, 대한민국의 국적을 잃은 날의 다음 날, 국내에 거주하지 아니하게 된 날의 다음 날, 직장가입자가 자격을 상실한 날, 의료급여 수급권자가 된 날, 직장가입자 또는 다른 직장가입자의 피부양자 자격을 취득한 날, 피부양자 자격을 취득한 사람이 본인의 신고에 따라 피부양자 자격 상실 신고를 한 경우에는 신고한 날의 다음 날 등에 상실하게 됩니다.

신고해야 피부양자가 될 수 있음

일반적으로 직장가입자는 직장에 취업하면 관련 담당자가 직장인 가입과 함께 피부양자취득신청도 함께 합니다. 직장인은 취업할 때 피부양자를 확인할 수 있는 가족관계등록부 등만 제출하면 됩니다. 가족관계등록부로 가족을 피부양자로 등록하고 싶거나, 직장 생활 중에 가족관계에 변경이 있는 경우에는 추가로 신청해야 합니다. 피부양자 자격취득과 상실이 어떻게 이루어지는 지를 알아두기 바랍니다.

국민건강보험공단 홈페이지에서 '자주 찾는 메뉴'를 보면, 자격득실확인서, 보험료 납부확인서, 서식자료실, 민원상담 등이 있는데, 그중 '서식자료실'을 클릭합니다.

형평성에 맞는 제도 개선

보험료를 내지 않고 건강보험 혜택을 받는 피부양자가 많을수록 형평성 문제가 불거지는 것은 물론 재정기반 또한 약해질 수밖에 없습니다. 보건복지부는 소득중심으로 건강보험료 부과체계를 개편한 개정된 법률에 따라 2018년 7월부터 2022년까지 2단계에 걸쳐 피부양자의 인정기준과 범위를 강화하고 있습니다.

건강보험료 부과체계 개편이 완료될 경우 피부양자의 2.3%인 47만명이 지역가입자로 전환될 것입니다. 누구든지 상당한 소득과 재산이 있으면 건강보험료를 내고 그렇지 못한 경우에는 피보험자의 피부양자로 등록되어 요양급여를 받는 것이 사회적 형평에 맞습니다.

비급여 진료비를 인터넷으로 확인할 수 있습니다

고령화로 인한 진료행위와 건강보험이 적용되지 않는 '비급여 항목' 등으로 의료비는 줄지 않습니다. 건강보험공단에 따르면, 건강보험이 적용되지 않는 비급여 진료비가 크게 늘었습니다.

2020년 이후 건강보험 보장률은 65.0% 내외이고, 나머지는 비급여 등으로 환자가 전액 부담합니다. 2024년에 건강보험으로 처리되는 금액은 116조2,375억원이기에, 이를 0.65로 나누면 전체 진료비는 178조 8,269억원이고 그중 비급여 금액은 62조5,894억원으로 추정됩니다. 일부 환자는 진료비가 아닌 간병비까지 부담해야 하기에 실제 환자가 부담하는 진료비 등은 62조원을 훨씬 넘게 됩니다.

실손 의료보험이 비급여율 증가를 부추겨

2020년 이후 건강보험 보장률이 65.0%에 정체되어 있기에 병원을 이용하는 환자는 법정 본인부담률과 비급여 등을 부담해야 합니다. 병원에서 주는 내역서에는 건강보험 공단부담, 법정 본인부담, 비급여 등으로 내역이 적혀져 있습니다. 환자가 개별적으로 계약하는 간병인의 간병비 등은 별도입니다. 간호간병통합서비스가 확대되고 있지만, 입원환자의 간병비는 여전히 부담이 큽니다.

환자는 병의원을 이용할 때 비급여는 전액을 부담하고, 상급종합병원으로 갈수록 비급여 항목이 많아서 부담이 커집니다. 시민은 비급여 항목을 줄이는 운동을 강력하게 펼치고, 병원마다 다른 '비급여 진료비'를 사전에 파악하여 지나치게 높은 병의원의 이용을 피해야 합니다.

건강보험공단은 15개 종합병원의 **비급여 진료비**를 분석하여 발표했습니다. **비급여 진료**는 크게 항목비급여(로봇수술 등 비용 대비 효과가 확실하지 않은 진료로 '비급여' 코드가 부여된 진료), 기준초과비급여(횟수와 용량 등 급여기준을 초과한 진료), 법정비급여(상급병실료, 선택진료비, 제증명료), 합의비급여(미용성형, 치과보철 등 필수적인 기능개선 목적이 아닌 진료), 미분류 비급여(현재까지 분류하지 못한 항목) 등 5가지로 유형화됩니다. 15개 종합병원 비급여 진료비를 분석하면 법정비급여가 32.9%로 가장 많고, 그 다음은 기준초과비급여(32.7%), 항목비급여(21.9%), 합의비급여(6.1%), 미분류비급여(6.2%) 등이었습니다.

비급여 진료비 항목을 사전에 파악해야

문제는 병원을 이용하는 환자가 '비급여 항목'을 자발적으로 선택하기 어렵다는 점입니다. 과거 **선택진료**는 환자가 의사를 '선택'하기보다는 병원이 권유하는 전문의의 진료를 받지 않을 수 없었습니다. 또한, **상급병실료**도 병원에서 "수술환자는 1인실에 입원해야 한다"고 권유하거나

“1인병실 밖에 없다”고 말하면 다인실을 이용하는 것이 사실상 불가능합니다. 2018년부터 **선택진료비**는 사실상 폐지되어 환자의 부담을 줄었지만, 다른 비급여 항목은 줄지 않고 있습니다.

비급여 항목은 수가조차 통일되어 있지 않아서 상급종합병원이 비급여로 ‘장사’를 한다는 비난까지 받았습니다. 건강보험심사평가원의 조사에 따르면 병원별 1인실 병실료의 경우 가장 싼 곳은 5000원인데 가장 비싼 곳은 45만5000원으로 최대 91배나 차이가 났고, 전국적으로 10만 원이 가장 많았습니다.

누구든지 **건강보험심사평가원** 홈페이지나 모바일 앱(건강정보)을 통해 병원별 비급여 진료비용을 확인할 수 있습니다. 공개 대상은 상급종합병원, 전문병원, 치과·한방병원, 151개 병상 이상 병원, 요양병원 등 의료기관 총 2천41곳입니다. 조사 대상 가운데 95.7%(1954곳)가 자료 조사에 응했습니다.

각종 증명서의 수수료를 실비로 발급해야

병의원이 발급하는 **각종 증명서의 수수료**도 천차만별이었습니다. 일반진단서, 사망진단서, 출생증명서, 장애진단서, 입·퇴원 확인서 등 서류 발급 수수료는 무료인 병원이 있는 반면, 터무니없는 요금으로 발급하는 병원도 있었습니다. 환자가 진료비를 낸 병원 영수증이나 처방전만으로도 증빙할 수 있는 것을 ‘진단서’ 제출을 요구하는 사회적 관행도 문제입니다.

각종 증명서의 수수료가 문제가 되면서 보건복지부는 2017년 9월 21

일부터 '**의료기관의 제증명 수수료 상한기준**'을 제시하여 모든 의료기관이 지키도록 했습니다. 예컨대, 일반진단서와 건강진단서의 발급 수수료의 최대 상한액은 2만원이며, 3주 이상 상해진단서 발급 수수료는 최대 15만원입니다. 입·퇴원확인서 발급 수수료 상한액은 3000원으로 책정됐습니다.

병의원의 의료 오남용을 방지하는 운동이 필요

시민은 병의원의 **의료 오남용**을 방지하기 위한 운동을 펼쳐야 합니다. 한 가지 사례로 2010년대 초반에 갑상선암 수술이 급격히 늘어난 것은 과잉진단이라는 논란이 일면서 갑상선암 수술을 받는 환자가 급격히 줄었습니다. **갑상선암 수술**은 2012년에 5만1513건에서 2015년에 2만 8214건으로 45.2%나 감소되었습니다. 갑상선암 환자수는 2011년에 인구 10만명당 81명으로 세계 평균의 10배 이상이었습니다. 일부 의사는 '갑상선암 과다진단 저지를 위한 의사연대'를 꾸려 건강검진에서 갑상선 초음파 검사를 중단해야 한다고 제안했습니다.

또한, 한국은 제왕절개수술을 오남용하는 나라라고 국제적으로 비판을 받고 있습니다. 유엔에 따르면 2024년 한 해 지구는 약 1억3,200만 명의 신생아를 맞이했습니다. 그중 제왕절개수술로 태어난 아이는 21~22%인데, 그해 한국 신생아 23만5,234명중 67.4%가 산모의 복벽과 자궁을 여는 수술로 태어났습니다. 세계보건기구는 제왕절개가 과다 출혈과 감염, 장기 손상 및 혈전-폐색전증 등 위험이 수반되므로 부득이한 경우에 한해 시행돼야 하며, 전체 분만 건수의 10~15%가 이상적이라고 권고하고 있습니다.

한국의 기이한 제왕절개 비율은 거꾸로 제왕절개가 질식분만(자연분만)보다 덜 위험하다는 인식 혹은 현실을 반영합니다. 의료계가 자연분만 도중 발생할 수 있는 태아 뇌병변 등에 대한 사법 리스크를 피하기 위해 방어 진료를 유도한다는 지적도 있습니다. 산모의 진통 회피 심리, 사주에 맞춰 출산 시점을 조절하려는 문화적 배경, 산모 고령화, 난임 시술-출산 비율 증가 등도 원인의 일부입니다.

의료기관에서 자연분만을 하면 진료비가 낮아서 산부인과의사가 임산부에게 진료비가 많은 '제왕절개'를 권유한다는 비판이 큽니다. 임산부는 의사가 제왕절개를 권유하면 자신의 안전과 태아의 건강을 생각하여 수용하지 않을 수 없습니다.

시민은 평소 건강관리를 하여 병의원 이용을 줄이고, 꼭 필요한 진료만을 건강보험으로 처리하는 것이 중요합니다. 건강은 건강할 때 지키고 진료는 꼭 필요할 때 신중하게 받는 것이 좋습니다.

저소득층은 의료급여를 활용할 수 있습니다

기초생활보장 의료급여 수급자는 정부로부터 의료급여를 받을 수 있습니다.

의료급여 수급자의 2가지 종류

의료급여 수급자는 1종과 2종이 있습니다. 가구 소득인정액과 부양의무자의 부양비 합계액이 기준 중위소득의 40% 이하인 사람이 읍·면·동 행정복지센터에 신청하면 의료급여 수급자로 선정될 수 있었습니다.

가구 구성원이 18세 미만 아동, 65세 이상 노인, 중증장애인과 같이 노동능력이 없는 사람이면 **의료급여 1종**을 받고, 가구 구성원중 18세 이상 65세 미만으로 노동능력이 있으면 **의료급여 2종**을 받습니다. 인간문화재, 북한이탈주민 등 특별한 사정이 있는 사람은 의료급여 1종으로 지정받기도 합니다.

의료급여는 통원과 입원에 따라 다름

의료급여 1종 수급자가 병원을 이용하면 일반적으로 입원료는 없고 외래시에 본인부담금이 1,500원입니다. 의료급여 2종 수급자는 입원비의 10%를 부담하고 외래시에 본인부담금이 15%입니다.

65세 이상 노인은 완전틀니(금속상, 레진상)와 부분틀니 비용에 대해 1종은 5%, 2종은 15% 본인부담금만 내면 됩니다. 틀니를 하고 싶은 사람은 먼저 주소지 관할 시·군·구청을 방문하여 등록 신청을 하기 바랍니다. 사전 등록해야 시술 전 대상자로써 적합하다는 의료급여기관과 보장기관의 판단을 받을 수 있습니다. 부분 틀니 지대치는 비급여이므로 본인이 부담해야 합니다. 일부 지방자치단체는 자체 예산으로 의료급여 수급자의 본인부담금을 지원하기도 합니다.

의료급여는 부양의무자 기준이 있음

2021년부터 생계급여 수급자에게 부양의무자 기준이 점진적으로 폐지됨에도 불구하고, 의료급여 수급자는 **부양의무자 기준**이 존재하여 수급자로 선정되기가 쉽지 않습니다.

생계급여 수급자 선정시에 노인가구와 한부모가구는 부양의무자 기준이 사실상 폐지되어(부양의무자의 소득이 연간 1억3천만 원 초과 혹은 재산이 12억 원 초과일 때만 부양능력이 있다고 판정함), 가구 소득인정액이 기준중위소득의 30% 이하일 때 수급자로 선정될 수 있습니다. 하지만 의료급여 수급자는 부양의무자 기준이 있고, 재산을 소득으로 환산할 때도

엄격한 기준을 적용받습니다. 결국 소득이 낮은 사람도 소득인정액과 부양의무자 부양비의 합계가 중위소득의 40%를 넘으면 의료급여 수급자가 될 수 없었습니다.

한편, 국민권익위원회는 의료복지 사각지대를 해소하기 위해 의료급여 및 차상위 본인 부담 경감 대상 자격에서 부양의무자 기준 폐지를 검토해야 한다고 지적했습니다. 또한, 저소득 취약계층에 대해서는 보험료 6회 체납 시 건강보험 급여가 제한되는 '건강보험 급여 제한' 규정을 폐지하도록 제언했습니다.

보건복지부는 2026년 상반기 중에 의료급여에서 부양의무자의 부양비 제도를 폐지하고, 부양의무자가 고소득자이거나 많은 재산을 가진 경우에만 부양능력이 있다고 보는 방식으로 개선하겠다고 발표했습니다. 부양의무자 기준의 적용방식은 2025년까지 부양의무자의 소득과 재산을 파악하여 부양능력 없음, 부양능력 미약, 부양능력 있음으로 구분하고, 부양능력 미약에 해당되는 경우만 부양비를 산정하였습니다. 그런데, 2026년부터 부양능력 없음, 부양능력 있음으로만 판단합니다. 따라서 과거에 부양의무자의 '부양능력 미약'에 해당되는 사람은 2026년 이후 의료급여 수급자로 선정될 가능성이 높아집니다.

차상위층도 본인부담 경감을 받을 수 있음

의료급여 수급자가 아닌 사람도 가구 소득인정액이 기준 중위소득의 50% 이하인 희귀난치성·중증질환자, 만성질환자, 18세 미만 질환자는 **'차상위 본인부담 경감'**을 받을 수 있습니다. 해당되는 사람은 병원 원무과나 의료사회복지사에게 본인부담 경감을 요구하기 바랍니다.

사례 복합지원 (보건소암환자의료비지원, 재가암관리대상자, 주간보호센터 이용, 지역사회 봉사단체 연계 등)

김00(남, 74세)는 의료급여 수급자이고, 배우자와 사별하고 자녀와 형제자매도 없었다. 광주에 있는 영구임대아파트에서 살고, 정신장애 경증인데, 주요 병명은 치매, 당뇨, 후두암이었다. 10년 이상 정신병원에서 입원 후 어렵게 퇴원하여 임대아파트에서 살던 중 후두암 진단을 받았다. 수술과 항암방사선 치료가 필요하고 그 기간 요양병원 입원이 불가피한 상황이었다. 주 치료가 끝나서 퇴원 후에도 인지기능 저하, 근력 저하, 외로움, 음식 준비, 위생관리, 다제약물복용 등에 대한 도움이 절대적으로 필요했다. 요양병원 생활을 계속하게 될 시 기초수급비 삭감으로 최저생활을 할 수 있는 비용이 부족함에 대해 어려움을 호소하였다.

환자는 어렵게 정신병원에서 퇴원하였으니 최대한 자립하겠다고 했고, 요양병원 퇴원 후 집에서 살기를 원했다. 재원 중 의료사회복지사를 통해 지역사회연계 상담을 통해 건강보험공단의 재가복지센터(장기요양 4등급)의 도움을 받았다. 지역사회 내 봉사단체(주거지 구청)를 통해 재가복지센터를 이용하지 않는 날에는 집안청소와 음식 준비 등의 도움을 받도록 연계하였다. 환자가 장기요양제도 중 재가복지센터와 지자체 봉사단체 도움을 통해 퇴원 후 자신이 살던 집에서 생활하면서 사회통합을 도모했다. 이는 2026년 3월 27일부터 시행되는 돌봄통합지원법에 부합되는 사례이다.

사례 기초생활보장 수급자 취득 안내

이00(남, 63세)는 건강보험 가입자이고 2인가구인데, 제2금융권에 근무하다 뇌졸중 진단으로 조기 퇴사했다. 국민연금 수급자(30만원 정도)이고 뇌졸중으로 왼쪽편마비로 경증장애인인데, 대장암으로 진단받았다. 경증장애인으로 국가암검진 시 대장암으로 진단되어 수술 후 항암치료가 필요한 상황이었다. 자녀는 비정규직으로 수입이 낮아 어렵게 생계유지를 하고, 많은 지출이 예상되는 가운데, 치료를 포기하려고 했다. 의료진의 의뢰로 상담한 결과 근로무능력으로 사회보장제도를 알았더라면 진즉부터 기초생활보장 수급자가 될 사람이었다. 자녀의 적극적인 행정적 처리 도움으로 빨리 수급자를 취득하여 생계급여 등으로 소득이 늘었다. 치료비는 보건소 암환자의료비지원도 덤으로 받게 되어 심리적으로 안정된 상태에서 치료받고 건강회복이 되었다.

암, 희귀난치성질환, 고혈압, 당뇨 등 질병이 있을시 또는 장애등록이 된 경우 근로무능력으로 행정복지센터에서 차상위 의료급여 수급자의 취득을 문의해 보는 것이 좋다.

위기가구는 의료비 지원을 신청할 수 있습니다

위기가구는 병원 입원비를 내기 어려울 경우에 긴급복지 의료비지원을 신청할 수 있습니다. 가구에서 주소득자나 부소득자가 실직하거나 질병 등으로 경제적으로 어려워 의료비를 내기 어렵다면 긴급복지를 신청할 수 있습니다.

긴급복지의 수급 조건

긴급복지는 위기 상황에서 가구 소득이 기준 중위소득의 75% 이하이고, 재산기준에 맞을 때 신청하면 받을 수 있습니다. 재산기준은 금융재산이 생활준비금+600만 원(주거지원은 800만 원) 이하이고, 전체 재산이 24,100만 원(중소도시 15,200만 원, 농어촌 13,000만 원)이하일 때 받을 수 있습니다. 공부상 확인 재산(과세표준)이므로 실거래가 4억 원인 집에 살더라도 신청하면 받을 수도 있습니다.

지방자치단체에 따라 국가가 정한 기준보다 높은 소득과 재산을 가진 경우에도 긴급복지를 지원하기에 위기에 빠진 사람은 129번으로 전화하여 도움을 요청하기 바랍니다. 서울시의 경우 가구 소득이 기준 중위소득의 100% 이하, 재산이 4억900만 원 이하, 금융재산이 1,000만 원 이하일 때 긴급복지를 신청하면 지원합니다. 경기도도 다른 시·도보다 높은 소득과 재산 기준을 가지고 있습니다. 가구 소득이 기준 중위소득의 100% 이하라면 일단 신청하기 바랍니다.

긴급복지는 위기 상황에 처한 사람이 시·군·구에 신청하면 복지공무원이 **'선지원 후조사'**의 원칙을 적용하기에 소득과 재산이 기준보다 다소 많아도 받을 수도 있습니다. 위기가구가 도움을 요청하면 지방자치단체는 일단 지원하고 사후에 자산을 조사하여 지원의 적정성을 판단하기 때문입니다. 자산조사를 하여 기준에 넘치면 지원을 중단하는데, 의료비 지원은 대체로 한 차례 이루어지기에 신청하면 받을 수 있습니다.

복지급여는 신청해야 받음

긴급복지에서 **의료비지원**은 가구 소득이 기준 중위소득의 75%(서울과 경기도 등은 100%) 이하일 때 받을 수 있습니다. 복지 수급자를 선정할 때는 소득, 금융재산, 재산 기준이 별개입니다. 긴급복지에서 소득은 흔히 공적으로 확인된 근로소득이나 사업소득 등을 중심으로 파악됩니다. 다소 소득과 재산이 있더라도 병원 입원비를 내기 어렵다면 시·군·구에 지원을 신청하기 바랍니다.

병원 입원비 내기 전에 신청해야

긴급복지에서 **의료비 지원**은 본인이나 가족이 시·군·구에 신청하면 복지공무원이 조사하여 지급여부를 결정하고, 시·군·구가 의료기관에 직접 줍니다. 병원 입원비는 환자가 지급한 후에 신청할 경우에는 지원되지 않으므로 사전에 신청해야 합니다. 의료비는 본인이 부담해야 할 돈 300만 원까지 지원합니다. 건강보험의 본인부담금뿐만 아니라 비급여 항목도 지원받을 수 있습니다. 본인부담금이 300만 원에 미치지 못하면 그것만큼만 지원받고, 넘으면 300만 원까지 지원받습니다. 특별한 사정이 있으면 한 번 더 지원받을 수도 있으니, 시·군·구에 문의하기 바랍니다.

일반적으로 건강보험으로 처리된 입원비의 본인부담비율은 20%이므로 의료비 지원 300만 원은 전체 진료비 1500만 원까지 사실상 무상으로 치료받는 셈입니다. 희귀난치질환은 본인부담비율이 10%이므로 전체 진료비 3000만 원까지, 4대 중증질환과 15세 이하 아동 입원비의 본인부담비율은 5%이므로 전체 진료비 6000만 원까지 무상 치료를 받을 수도 있습니다. 실제로는 비급여 항목이 있을 수 있기에 이보다 적은 진료비를 해결하지만, 위기가구에게 긴급복지의 의료비 지원은 매우 유익한 제도입니다.

사례 긴급복지지원(긴급의료비, 생계비 지원 적용)

이00(남, 50대)는 건강보험 가입자이고 직장인(계약직)인데, 배우자는 아르바이트로 근무하며 4인가구이었다. 실비는 실효되고, 부채는 있고 저축액은 없었으며, 전세+월세로 살고 있었다. 근무 중 배가 아파서 응급실에 도착하여 정밀검사 결과, 장 중첩증으로 진단받았다. 수술로 인해 입원 시 긴급의료비를 지원받았으며, 배우자도 간병으로 인해 소득이 중단되어 환자가 회복하기까지 3개월간 긴급생계비를 받았다. 긴급복지지원을 받아서 보다 안정적인 상태에서 치료를 마치고 단란한 가정생활을 유지하게 되었다.

사례 복합지원 (긴급의료비 적용, 기초생활수급자 취득, 보건소암환자의료비지원)

박00(남, 50대)는 건강보험 적용대상자이고 무직 1인 가구로 간헐적인 근로활동을 하였다. 저축액은 없고 부채도 없는데, 친구 집에서 같이 살고 있었다. 감기증상이 심하여 개인병원에서 계속 진료 중 호전되지 않아 큰 병원의 진료 권유로 종합병원에서 폐암·뇌전이 상황으로 진단되어 전이된 뇌종양에 따른 수술과 항암치료가 예정이었다. 의료사회복지사의 사정결과 돌봐줄 가족도 없고 살아온 자신의 상황이 엉망이어서 상심한 상태이었다. 폐렴증상 악화로 화장실도 못가고 자주 넘어져서 혼자서 일상생활이 잘 안되니 더 낙심한 상태이었다.

병원 의료사회복지사의 상담으로 수술비는 긴급의료비지원을 받고, 전반적인 도움이 필요한 환자로 퇴원이후 기초수급자 취득이 될 수 있도록 안내했다. 수급자 취득 후 항암치료는 보건소 암환자의료비 지원으로 중단 없었다. 돈이 없어서 치료를 못 받고 죽게 생겼다고 아우성치던 환자의 불만이 해소되고, 그는 우리나라 복지정책에 대해 감사하다고 말했다.

사례 긴급복지지원 적용(실비가 있으나 면책기간인 경우)

송00(남, 50대)은 건강보험 대상자이고 질병으로 인해 무직인데, 4인 가구가 소형아파트에 거주했다. 저축액은 없고 부채는 있으며, 실비보험이 있으나 3개월간 면책기간이었다. 간암으로 지속적인 항암치료를 하게 되어, 병가도 다 사용하고, 직장에서 퇴사처리가 되었다. 부인의 요양보호사 수입으로 대학생과 고등학생의 학비와 생활비 등도 감당하기 어려운 상황이었다. 실비가 면책기간이고, 중환자실에 입원하게 되는 건강악화 상황이 발생되었다. 가족들이 치료비 마련에 걱정하는 모습을 보고 의료진에 의해 의뢰되었다. 병원 사회사업팀에 의해 실비가 있음에도 면책기간이어서 쓸모가 없게 된 실비는 적용하지 않고 긴급의료비 지원을 받게 되었다. 긴급의료비 지원은 가족들의 불안감 해소에 크게 도움이 되었다.

사례 긴급복지지원 적용(실비가 있으나 모두 소진된 경우)

임00(여, 60대)는 건강보험 대상자이고 무직인데, 3인가구이고 저축은 없고 부채도 없었다. 유방암으로 비급여 항암치료, 수술 이후 항암치료가 예정되어 있었는데, 항암치료를 하면서 실비 한도가 3000만원으로 다 소진되어 수술비용 마련이 어렵게 되었다. 치료비 마련이 어렵자 수술을 못하겠다고 떼쓰는 것을 보고 안타까워 의료진에 의해 병원사회사업팀에 의뢰되었다. 실비소진이 확인되어 긴급의료비 지원을 통해 수술비용을 지원받아 한숨 돌리고 다음 계획된 치료를 이어가면서 긍정적으로 변했다.

재난적 의료비 지원이 확대되었습니다

저소득층의 재난적 의료비 지원이 확대되었습니다. 2025년 기준으로 기초생활수급자와 차상위계층은 의료비 80만 원 초과 금액의 80%를 지원받고, 기준 중위소득 50% 이하 가구 중 1인 가구는 120만 원 2인 이상 가구는 160만 원 초과금액의 70%를 지원받으며, 기준 중위소득 50% 초과하고 100% 이하 가구로 연소득의 10%를 초과하는 의료비의 60%를 지원받습니다. 기준 중위소득 100%를 초과하고 200% 이하 가구로 연소득의 20%를 초과하는 의료비는 심사를 통해 승인을 받은 경우에만 50%를 지원받을 수 있습니다.

재난적 의료비 지원의 확대

재난적 의료비 지원은 '재난적 의료비 지원에 관한 법률'에 따라 소득수준에 비하여 과도한 의료비 지출로 경제적 어려움을 겪는 국민에게 일부를 지원하여 의료이용의 접근성을 높임으로써 사회보장을 증진하고 국민건강 보호에 이바지함을 목적으로 합니다.

한국인은 건강보험이나 의료급여의 적용을 받아 의료비를 경감받습니다. 건강보험으로 입원 치료를 받으면 환자는 입원비의 20%, 외래 진료비는 의료기관의 유형에 따라 30%~60%를 부담합니다. 정부는 개인이 소득수준에 비하여 과도한 의료비 지출로 경제적 어려움을 겪는 것을 방지하기 위해 재난적 의료비 지원을 하고 있습니다.

본인부담 기준금액의 인하

재난적 의료비 지원 사업은 질병·부상 등으로 인한 치료·재활 과정에서 소득·재산 수준 등에 비춰 과도한 의료비가 발생한 경우 의료비 본인부담금의 50%를 연간 3000만 원까지 지원해 주는 제도로 시작되었습니다. **재난적 의료비 지원 대상**은 기초생활보장수급자·차상위계층과 기준 중위소득 50% 이하 가구, 중위소득 100% 이하 가구, 중위소득 200% 이하 가구로 구분됩니다.

정부는 2021년부터 우선 지원대상자 선정기준인 의료비 부담 기준금액을 인하해 의료안전망 역할을 더욱 강화시켰습니다. 기초생활수급자와 차상위계층은 100만 원에서 80만 원 초과로, 기준 중위소득 50% 이하 가구는 200만 원에서 160만 원 초과로 확대했습니다. 2025년 현재 기준 중위소득 50% 초과에서 100% 이하는 의료비가 연소득의 10%를 초과할 때 지원받고, 중위소득 100% 초과에서 200% 이하는 의료비가 연소득의 20%를 초과할 때 심사를 통해 지원받을 수 있습니다. 2024년부터 1인당 연간 5000만 원까지 지원받을 수 있습니다.

퇴원 3일 전까지 신청해야

기준 중위소득은 가구원수에 따라 다른데 매년 정부가 공표합니다. 재난적 의료비 지원을 받으려면 입원 중 지원 신청할 경우 퇴원 7일 전까지에서 기초생활수급자와 차상위계층은 퇴원 3일 전까지로 완화했습니다. 이는 정부와 국민건강보험공단 간의 전산연계로 재산·소득 요건 자격 확인을 위한 행정처리 기간이 단축되었기 때문입니다. 재난적 의료비는 진료 후 180일 이내에 신청할 수 있고, 소급적용은 불가능합니다.

희귀질환에 대한 지원범위 확대

재난적 의료비 지원에서 희귀질환에 대한 지원범위가 확대됩니다. 그동안 희귀·난치질환 치료에 필수적이나 지원범위에 제외됐던 혈관용 스탠트, 카테터삽입기 등 희소·긴급 의료기기 구입비가 지원 범위에 포함되었습니다. 이에 따라 희귀·난치질환자가 한국의료기기안전정보원을 통해 건강보험에 미등재된 의료기기를 구입할 때 부담이 완화되었습니다.

환자와 가족이 건강보험, 의료급여, 긴급복지의 의료비지원, 재난적 의료비 지원 등을 통해 지원받을 수 있는 세부 내용을 정확히 알기는 어렵습니다. 따라서 궁금한 사항이 있으면 인터넷으로 검색하고, 병원 의료사회복지사 혹은 원무과 직원에게 도움을 요청하기 바랍니다. 긴급복지나 재난적 의료비 지원도 환자가 직접 신청하기보다는 병원에서 담당자를 통해 신청하는 것이 간편합니다.

사례 재난적의료비 지원제도 (다양한 치료과정과 긴 치료기간에 적용)

김00(여, 65세)는 건강보험 가입자이고 2인가구로 배우자의 수입으로 살아가는데, 유방암을 진단받았다. 치료과정은 선항암-수술-항암+방사선치료 예정이었다. 치료과정이 복잡하고 비급여치료가 불가피한 상황이고 실비도 없어 치료를 포기하려고 하던 차 의료진에 의뢰되었다. 도움을 받기에 너무도 쑥스럽고 부끄러워 사회사업팀 문턱이 하늘만큼 높은 것 같다고 말하면서 방문했다. 상담 결과 재산·소득이 재난적의료비 기준에 부합하여 치료비를 지원받아 치료를 잘 마쳤다. 지원제도가 있으나 알량한 자존심으로 하마터면 치료를 포기할 뻔했다면서 너무 감사하다고 말했다.

사례 재난적의료비 지원제도(항암치료 시 적용)

홍00(남, 70세)는 건강보험 가입자이고 3인 가구이며 공무원연금수급자이었다. 수술 후 재발로 지속적인 항암치료중에 10번째 마침, 더 이상 치료에 반응하지 않아 비급여 항암치료가 불가피한 상황이었다. 공무원연금도 받고 있지만, 실비가 소진되어 대상자가 될지 망설였으나, 재난적의료비 재산·소득기준에 부합하여 지원대상자로 계획된 치료를 받았다. 국민을 위해 만들어진 제도를 활용하기 위해 환자와 가족은 일단 병원 내 사회사업팀 의료사회복지사에게 문을 두드려보는 것이 좋다.

사례 재난적의료비 지원제도(실비 면책기간에 적용)

정00(여, 60대)은 건강보험 적용대상자이고 3인가구에서 주부이었다. 소형아파트에 거주하며 저축액이 없고 부채는 있으며, 실비가 있으나 6개월간 면책기간이었다. 난소암으로 지속적인 항암치료를 하게 되어, 먼거리에서 치료를 위해 오가는 교통비, 체류비, 생활비 등으로 저축액도 다 소진되었다. 주부가 집을 비우니 가족들도 배달음식을 먹게 되어 생활비 지출을 감당하기 어려운 상황이었다. 실비가 면책기간이 도래되었고, 남은 치료과정 수술비, 항암치료비를 면책기간에 하게 되어 너무도 힘들다고 쉬었다 치료하게 해 달라고 의료진에 하소연하였다. 의료진에 의해 병원 의료사회복지사에게 의뢰되었다.

실비가 있으나 소진된 경우에 긴급의료비와 같이 재난적의료비 지원이 가능하여 세밀한 상담을 통해 환자에게 적합한 재난적의료비지원을 받아 계획된 수술과 항암치료를 마치게 되었다. 실비보험이 있으나 소진된 경우도 긴급의료비와 같이 재난적의료비 지원이 가능한 사례이었다.

교통사고는 자동차보험을 먼저 활용합니다

자동차 사고를 당한 경우라면 일단 자동차보험으로 처리합니다. 일반적으로 자동차보험은 가해자의 보험으로 처리하는데, 쌍방과실인 경우에는 과실 비중에 따라 보험회사끼리 정산합니다.

자동차 사고가 나면 응급조치부터 해야

자동차 사고를 당하거나 낸 경우라면 일단 응급조치를 해야 합니다. 자동차 사고가 나면 2차 사고를 방지하기 위한 조치를 신속하게 취해야 합니다. 자동차 전용도로나 고속도로와 같이 차량이 많은 곳에서는 일단 갓길이나 안전지대로 차를 옮기고 옮기기 힘들다면 차량의 비상등을 켜고 트렁크 문을 활짝 열어 뒤따르는 차량에게 알려야 합니다. 운전자와 동승자는 차에 머물지 말고 반드시 차에서 내려 가드레일 밖으로 대피해야 합니다. 안전한 공간에서 한국도로공사 전화상담실 1588-2504번이나 112, 119, 보험회사 등으로 연락해 차 고장이나 사고처리에 대한 도움을 받으면 됩니다.

자동차 사고는 1차 사고뿐만 아니라 2차 사고의 피해가 매우 큽니다. 2020년부터 3년 동안 고속도로에서 일어난 2차 사고는 150건이 넘고, 사망자도 85명에 이르며, 치사율은 56%에 달합니다. 고속도로에서 벌어진 2차 사고는 주로 사고 수습과정에서 일어납니다. 차량 간 잘잘못을 따지기 위해 주변 도로에 머물거나, 뒤에서 오는 차량을 향해 수신호를 하거나, 삼각대를 설치하겠다며 도로로 나섰다가 사고를 당하는 경우가 적지 않습니다.

가해자 보험회사에 신고 접수해야

응급조치를 마치고 신속하게 보험회사에 신고 접수를 해야 합니다. 가벼운 사고는 전화접수만으로 끝낼 수도 있지만, 인사사고나 차량에 손실이 큰 경우에는 보험회사 직원이 현장에 출동하도록 해야 합니다.

인사사고가 나면 병원에서 진단을 받도록 권유하고, 진단을 받는 것이 좋습니다. 큰 외상이 없더라도 당일이나 다음 날에 진단받는 것이 좋습니다. 외상이 없더라도 시간이 지나면 충격 후유증이 나타나기 쉬운데, 진단을 받지 않으면 사고로 인한 피해라는 것을 주장하기 어렵습니다.

충분히 치료받고 종료해야

병원치료를 받을 때에는 보험회사 신고접수 번호만 확인하면 병원에서 자동차사고로 처리되고 그 다음에는 자동차보험에서 처리해줍니다. 사고로 인한 치료는 보험회사에서 처리하고, 혹 지병(예, 고혈압, 당뇨 등)은 자기 부담으로 치료받으면 됩니다.

요즘은 **자동차보험**에 가입하지 않는 차량이 거의 없기에 일단 자동차보험으로 치료를 받으면 됩니다. 간혹 치료기간이 오래 걸리면 보험회사 직원이 빨리 퇴원할 것을 종용하는데, 치료가 끝날 때까지 받으면 됩니다. 치료비는 보험회사가 부담하고, 퇴원후 건강관리를 위해 별도 위로금을 받을 수도 있습니다.

운전자보험에 가입했다면 청구해야

자동차보험은 대인사고와 대물사고에 대한 보험급여가 중심입니다. 운전자가 교통사고가 발생했을 때 형사적·행정적 책임을 보장해 주는 **운전자보험**에 가입했다면 이를 활용할 수 있습니다. 운전자보험은 소비자가 선택할 수 있는 사보험으로 치료비 보장, 운전자가 교통사고의 가해자가 되었을 때 교통사고 처리 지원금, 벌금, 방어 비용, 면허 정지 위로금 등 교통사고 처리 부대비용까지 보장해 줍니다.

자동차 사고가 나면 운전자보험에도 연락하기 바랍니다. 일반적으로 입원 치료를 받으면 치료기간에 따라 급여가 나옵니다. 이 때문에 운전자보험에 가입한 사람이 필요 이상으로 오랫동안 입원하는 경우도 있습니다. 한국은 교통사고로 입원하는 비율이 세계에서 가장 높고, 입원기간이 긴 나라로 알려져 있습니다. 사고가 나면 자동차보험과 운전자보험으로 처리해주기 때문입니다. 장기적인 안목에서 보면 운전자가 보험급여를 많이 타면 보험료가 올라갈 수밖에 없습니다.

어떤 보험으로 처리하는 것이 유리할까?

출퇴근 중에 자동차 사고가 났다면 자동차보험, 건강보험, 산재보험 등 어떤 것으로 처리하는 것이 유리할까요? 자동차보험이나 산재보험으로 처리하는 것이 건강보험보다 유리합니다. 사소한 사고는 건강보험으로 처리할 수도 있지만, 사고가 크면 대인사고와 대물사고가 함께 나는 경우가 많기에 자동차보험이나 산재보험으로 처리하기 바랍니다.

일반적으로 자동차보험으로 처리하는 것이 좋지만, 출장이나 출퇴근 중의 사고로 오랫동안 치료를 받아야 한다면 산재보험으로 처리하는 것이 더 유리합니다. 산재보험은 본인부담금 없이 병원 치료를 받을 수 있고, 일하지 않는 동안 휴업급여를 받으며, 장해가 생긴다면 장해급여 등을 청구할 수도 있습니다.

만약, 장해가 심하다면 국민연금공단에 장애연금을 신청하기 바랍니다. 노동능력의 상실 정도를 고려하여 평생 동안 장애연금을 받을 수도 있습니다.

사례 고용보험 실업급여(상해로 직장을 그만둘 때)

전OO(여, 50세)은 물리치료사로 근무하는데, 퇴근시 자동차를 주차하던 중 발목이 뒤틀리면서 골절이 되어 8주 진단을 받았다. 직장에서 없으면 안 되는 직무여서 8주 진단 후 재활치료까지 상당한 기간 동안 환자를 기다려 줄 수 있는 상황이 아니었다. 직장동료와 상사가 퇴사처리서류를 가져와서 서명을 요구하자 환자는 놀라고 어쩔 줄 몰라 하는 모습을 보고 의료진에 의해 의료사회복지 상담을 의뢰받았다. 상해로 다치든 질병이 진단되든 아프다는 이유로 퇴사하게 될 경우 고용보험 실업급여가 가능하다. 이를 안내하여 실질적인 도움을 주면서 심리적 안정을 도모하여 치료에 전념하여 빠른 사회복귀를 도모하였다.

산재는 산재보험을 우선 활용합니다

산업재해는 산업재해보상보험(산재보험)을 우선 적용합니다. 직장인이 출장이나 출퇴근길에 사고를 당했다면, 산재보험으로 적용하는 것이 유리합니다.

산재보험의 적용 범위

산업재해보상보험(산재보험)은 근로자의 업무상의 재해를 신속하고 공정하게 보상하고, 재해근로자의 재활 및 사회복귀를 촉진하기 위하여 이에 필요한 보험시설을 설치·운영하며 재해예방, 기타 근로자의 복지 증진을 위한 사업을 행하는 사회보험입니다.

산업재해란 사업장의 노동자가 업무상 발생하는 재해로 인해 부상, 질병, 신체장해, 사망을 당한 경우를 말합니다. 아울러 업무수행 중의 사고뿐만 아니라 사업장의 설비 미비로 인한 사고, 업무수행을 위한 출장 중에 당한 사고, 출퇴근하다 당한 사고, 작업환경이나 근무조건 등 유해요인으로 인해 생기는 질병도 산업재해로 봅니다.

산재보험은 1964년 7월 1일부터 500인 이상의 광업과 제조업 사업장 노동자에게 적용되었습니다. 이후 점차 적용사업장을 확대하여 2000년 7월부터 1인 이상을 고용하는 모든 사업장으로 확대되었습니다. 당연 적용 사업장이 산재보험에 가입하지 않았더라도, 산재를 당한 노동자가 근로복지공단에 요양급여 등을 요구하면 산재처리를 받도록 되어 있습니다. 산재보험의 비용은 전액 고용주가 보험료로써 부담합니다.

산재보험의 급여 내용

산재보험의 급여는 업무상 부상 또는 질병에 대한 요양급여와 간병급여, 일하지 못한 기간에 대한 휴업급여, 치료후 폐질등급이면 상병보상연금, 치료 후 장해가 남는 경우에 장해급여, 간병급여, 사망시 그 유족에게 지급하는 유족급여와 장의비가 있습니다.

만약 직장인이나 자영업자가 산재를 당했다면 산재보험으로 처리하는 것이 건강보험보다 훨씬 유리합니다. 건강보험은 병원 입원비의 20%를 본인이 부담하고, 통원시에는 30% 이상을 부담해야 합니다. 하지만 산재보험에서 요양급여는 전액 보험으로 처리됩니다. 산재환자에게 간병인이 필요하면 간병급여를 받을 수도 있습니다. 간병인은 간호사 등 전문 인력이나 가족이 할 수 있습니다. 환자를 이송하는 비용이나 통원 치료를 받을 때 쓴 교통비도 근로복지공단에 청구하면 받을 수 있습니다.

간혹 산재를 당하면, 사용자는 일단 건강보험으로 하고 본인부담금을 회사에서 처리해주겠다고 제안하는 경우가 있습니다. 가벼운 사고는 진료비만 지급하면 되지만, 산재보험으로 처리하지 않으면 재해를 당한 사람은 후유 장애가 생겨도 장해급여 등을 받을 수 없습니다. 산재를 건강보험으로 치료받고 본인부담금을 회사에서 부담하더라도 노동자는 손해입니다. 건강보험 보험료는 노동자와 사용자가 반씩 부담하는데, 산재보험은 전액 사용자가 부담합니다. 산재를 건강보험으로 처리하면 당연히 받을 수 있는 급여를 받지 못할 뿐만 아니라 장기적으로 더 많은 건강보험료를 내야 합니다. 산재는 산재보험으로 처리하는 것이 맞습니다.

산재보험의 급여 수급 절차와 과제

산재보험은 1인 이상을 고용하는 모든 사업장이 가입하도록 되어 있습니다. 5인 미만 가사노동 등 일부 예외사업장이 있긴 하지만, 원칙적으로 거의 모든 사업장은 산재보험이 적용됩니다. 산재보험이 적용되는 사업장에서 일하는 모든 사람은 산재보험의 급여를 받을 수 있습니다. 미등록 외국인 노동자, 계약직 등 정규직이 아닌 사람도 일하다 다치거나 직업병에 걸렸다면 산재보험의 적용을 주장할 수 있습니다.

근로복지공단은 산업재해보상보험법에 의거하여 사업주로부터 보험료를 징수하여, 산재사고시 피해노동자 또는 그 가족에게 적당한 기준에 의한 서비스를 제공하고 있습니다.

산재보험은 시행 반세기를 넘기면서 산업사회에 꼭 필요한 사회보험으로 발전하고 있지만, 제도 개선이 필요합니다. 당연 가입을 하지 않는 사업장의 가입을 독려하고, 노동자가 산재보험에 대한 기초적인 지식과 권리의식을 갖도록 교육해야 합니다. 산재보험의 급여수준을 재해를 당한 노동자와 가족에게 충분하게 향상시켜야 합니다.

사례 1인사업장 업무상 부상에 따른 산재보험 적용

김00(남, 50대)는 건강보험 적용을 받고 2인 가구이며 1인사업장에 근무하며 동일사업으로 일당직으로 근무했다. 설비업을 하는데 일주일정도 일감을 받아서 작업 중 낙상하면서 머리, 어깨, 다리 등 다발성 출혈과 골절이 되었다. 실비도 없고 치료비에 대한 정보는 매우 부족하여 아주 힘들어 하였다. 가족도 낙담하고 중심을 잡지 못하는 모습을 보고 의료진이 사회사업팀에 의뢰하였다. 산재적용이 되는 줄 몰라서 생계위협이 뒤따르고 치료비도 마련하기 어려워 매우 힘들어하던 환자에게 산재보험에 해당됨을 안내하였다. 그는 심리적 안정 상태에서 요양급여, 휴업급여로 입원치료와 통원치료를 받아 자신의 사업장으로 복귀했다.

사례 직업병에 따른 산재보험 적용과 국민연금 장애연금 적용

김00(남, 50대)는 건강보험 가입자이고 대기업에 근무하며 4인 가족인데, 폐암 진단을 받았다. 치료를 받고 복직해야 된다고 알고 있고 병가도 모두 사용해 걱정했다. 자신의 질병이 직업성 암으로 산재보

험 적용이 가능한지를 모르고 있어 힘들어하여 의료진에 의해 사회사업팀에 의뢰되었다. 산재보험이 적용되어 요양급여, 휴업급여를 받으면서 치료중이다. 국민연금법상 장애 2급에 해당되어 장애연금도 동시에 받으면서 경제적 어려움 없이 치료에 전념하게 되었다.

상해나 질병으로 장애가 생기면 국민연금도 받음

대부분의 근로자가 직무상 사고나 질병을 당하면 산재보험으로 요양급여, 휴업급여 등을 받고, 후유 장애가 생기면 장해등급을 받아 장해연금이나 일시금을 받을 수 있다는 것을 알고 있습니다.

하지만, 그것과 별도로 실직하면 고용보험에서 실업급여를 받을 수 있고, 장애가 있으면 국민연금에서 장애등급을 받아 장애연금을 받을 수 있다는 것을 아는 사람은 많지 않습니다. 국민연금 가입자는 사고나 질병 등으로 장애가 생겼다면 장애의 정도에 따라 1~3급은 장애연금을 4급은 장애일시금을 받을 수 있습니다.

특히, 암이나 희귀난치병으로 상당기간 일하지 못하고 치료를 받아야 한다면 장애연금을 신청하여 받을 수 있습니다. 흔히 국민연금은 노후에 타는 노령연금 이외에 장애연금, 유족연금 등도 소중한 급여입니다. 암이나 희귀난치병에 걸리면 의료비는 건강보험으로 해결하고, 단기간 생활비는 고용보험의 실업급여, 장기간 생활비는 국민연금의 장애연금 등으로 해결할 수도 있습니다.

사례 국민연금의 장애연금 적용
(자가조혈모세포이식술 후 국민연금 장애연금 수급)

김00(남, 40대)는 건강보험 가입자이고 4인 가족인데, 자영으로 트럭 운전을 하고 있었다. 갑자기 걷지 못하게 되었고 배가 아파서 응급실 도착하여 정밀검사 후 다발성골수종으로 진단받았다. 타 장기에 전이된 상태로, 항암치료 후 자가조혈모세포이식술을 하였다. 자가조혈모세포이식을 한 상태이고 지속적인 관리가 필요한 상황으로 국민연금 장애연금 대상자가 되었다. 경제활동을 할 때는 국민연금 보험료를 많이 납부하여 힘들었는데, 장애연금을 받게 되니 좀 더 빨리 많이 넣었으면 더 좋았을 것이라고 말했다. 주변 사람들에게 하루라도 빨리, 많이 넣으라고 국민연금의 홍보대사로 활동하고 있다.

사례 재직 중 국민연금의 장애연금 적용

김00(남, 50대)은 건강보험 가입자이고 대기업에 근무하며 4인 가족인데, 골수이형성증후군, 만성신장질환을 진단받았다. 산업재해 입원치료 중 기왕증으로 골수이형성증후군 및 만성신장질환으로 주 3회 투석하였다. 3개월 이상 투석하여 신장장애 중증등록이 되었다. 어깨수술에 따른 산업재해로 요양급여, 휴업급여도 받으면서 또 다른 질병으로 신장장애에 따른 투석으로 인해 중증신장장애인 등록과 국민연금 장애연금을 받게 되었다.

많은 국민이 5대 사회보험에 가입하지만 보험급여에 대해 잘 모르고 있다. 국민연금의 장애연금은 소득을 보존해주기 위한 제도적 장치이다. 산재로 치료받고 있는 이 환자는 기존 봉급(휴업급여)도 받고 국민연금의 장애연금도 받게 된 사례이다.

사례 무급 병가 중 국민연금 장애연금 적용

송00(여, 50대)은 건강보험 가입자이고 공기업에 근무하며 4인 가족인데, 위암이 1년 6개월 지나서 재발되었다. 수술 및 비급여 항암치료를 하게 되었고 무급 병가 중이었다. 월급이 나오지 않아서 가족들에게 많은 경제적 부담을 준다는 죄책감이 많았다. 1년 6개월이 지난 시점에서 재발로 지속적 항암치료가 필요한 경우 국민연금의 장애연금을 신청하도록 안내하였다. 경제적 도움을 받게 되어 계획된 치료를 심리적 안정상태로 받게 되었다. 호전을 보이면서 경제적인 부분의 도움이 치료가 잘되게 하는 것 같다는 의견을 주었다. 그는 같은 상황에 있는 지인들에게 이 제도를 널리 소개하였다. 배워서 남 주는 효과가 도움을 받은 사람들에 의해 또 다른 사람에게 널리 퍼져 세상을 이롭게 하는 사례이다.

실손 의료보험을 활용합니다

실손 의료보험은 보험회사에서 파는 상품마다 조건이 조금씩 다릅니다. 병원에 가면 접수처 직원이 "실손 의료보험이 있어요"라고 묻고, "실비보험 하나쯤 가입해야 한다"고 권유하기도 합니다.

실손 의료보험의 정의

실손 의료보험은 국민건강보험법에 의해 발생한 의료비 중 환자 본인이 지출한 의료비를 보험가입금액 한도 내에서 보장하는 보험입니다. 정식 명칭은 **의료실비보험**이고, 민간 보험사가 운영하며 입원치료와 통원치료를 구분하여 치료 목적의 비용에 대하여 지급합니다.

2016년 6월 기준 전국민의 65%인 3,296만 명이 가입하여, 단일 민간 보험 상품 가운데 최고의 가입자 수를 확보하였습니다. 2017년 4월부터는 기본형과 특약형으로 구분되어, 도수치료, 체외충격파치료, 증식치료, 비급여 주사제, 비급여 MRI 검사 등은 특약형을 신청해야 받을 수 있습니다.

건강보험 본인부담금과 비급여의 지원

실손 의료보험은 보험 가입자가 실제 부담한 의료비의 일부를 보상하는 보험입니다. 질병과 상해로 인해 발생하는 의료비용 중 국민건강보험에서 보장하지 않는 비급여 부분과 본인부담금의 일부를 보장합니다.

실손 의료보험은 정해진 금액이 아닌, 실제 치료에 들어간 비용을 보상받습니다. 국민건강보험 비급여 부분인 입원실 비용의 80%를 보장받거나, 선택형 가입 시 90%를 보장받는 방식입니다.

이 때문에 의료급여 수급자가 실손 의료보험에 가입하면 손해를 볼 수도 있습니다. 입원시 전체 진료비가 500만 원일 때 건강보험 가입자는 20%인 100만 원을 본인이 내고, 의료급여 2종 수급자는 10%인 50만 원을 냅니다. 만약 본인부담금의 80%를 실손 의료보험에서 준다면 건강보험 가입자는 80만 원을 받고, 의료급여 2종 수급자는 40만원을 받을 수 있습니다. 그렇다고 의료급여 2종 수급자의 실손 의료보험의 보험료가 낮은 것은 아닙니다. 의료급여 1종 수급자는 본인부담금이 거의 없거나 소액이기에 실손 의료보험의 효과가 거의 없습니다.

실손 의료보험 급여는 청구해야 받음

실손 의료보험은 기본적으로 입원·통원 치료비를 보장하지만, 치료 목적이 아닌 입원이나 예방접종, 건강검진 비용 등은 보상하지 않습니다. 단 의사의 임상적 소견을 받아 치료 목적으로 검사한 비용은 보상이 가능한 경우도 있습니다. 특약형의 경우 후유장해나 사망 등의 항목을 보장하는 상품도 있습니다.

실손 의료보험은 본인이 보험회사에 신청해야 받고, 보험금의 청구는 보험사의 모바일 애플리케이션을 통해 할 수도 있습니다. '실손' 보험은 본인부담금의 전액을 보상해주는 것은 아니기에 기본형에 가입한 사람은 건강보험 급여로 받는 것이 좋습니다. 특약형 가입자도 자기부담비율이 30%이고 특약 이용 횟수도 제한되어 있기에 신중하게 사용해야 합니다.

실손 의료보험은 꼭 가입해야 할까?

실손 의료보험에 가입한 사람은 잘 활용하고, 종료가 될 때에는 재가입을 신중하게 결정할 것을 권합니다. 실손 의료보험은 매년 보험료가 오르는 갱신형 보험이 일반적입니다. 가입 대상과 보장 금액, 지급 기준 등 세부 사항은 보험사에 따라 다르지만, 급여를 많이 받는 사람은 더 많은 보험료를 내야 합니다.

건강하여 병원에 갈 일이 별로 없는 연령대에는 보험료가 저렴하지만, 막상 병원에 갈 나이가 되면 보험료가 큰 부담이 됩니다. 가입 연령은 최대 65~70세 정도로 나이가 많을수록 가입이 제한되거나 보험료가 오릅니다. 65세 이상을 대상으로 하는 '노후 실손의료보험'은 일반 실손 의료보험보다 가입자가 내는 자기부담금이 큽니다. 실손 보험은 '실제 손실'을 모두 처리해주지는 못합니다.

암과 같은 질병으로 고액의료비가 들고, 입원비, 치매진단시 간병 등이 걱정이 되어 실손 의료보험을 가입했습니다. 그런데, 최근 암 등 4대 중증질환의 본인부담금은 5%로 낮추어졌고, 15세 이하 아동의 입원비의 본인부담금도 5%입니다. 건강보험의 보장율이 높아졌기에 굳이 실손 의료보험에 가입할 필요성이 낮아졌습니다.

치매보험에 꼭 가입해야 할까요?

노인이 되면 치매보험에 가입하는 사람이 많은데 굳이 그럴 필요가 없습니다. 노인은 일반건강검진을 받을 때 치매선별검사를 무상으로 받을 수 있습니다. 치매가 의심이 되면 치매안심센터에서 치매선별검사를 받고 소견이 있으면 치매안심센터가 추천하는 병원에서 정밀검사를 사실상 무상으로 받을 수도 있습니다. 치매 약을 먹고 치매안심센터에 약값 영수증과 통장사본을 내면 매달 3만 원까지 약값을 지원받을 수 있습니다.

건강보험공단에 요양인정신청을 하면 요양등급판정을 받아 재가급여나 시설급여를 받을 수 있습니다. 재가급여의 본인부담금은 15%인데, 소득에 따라 60%~40%를 경감받아 월 10만 원 내외로 방문요양, 방문목욕을 받을 수 있습니다. 모든 국민은 장기요양급여를 받을 수 있기에 굳이 치매보험에 가입하지 않아도 될 것입니다.

'보험금 대리청구인 지정' 도 필수이다

치매보장보험을 가입한다면 '보험금 대리청구인 지정'도 필수적입니다.

치매보장상품은 보장내용의 특성상 치매로 진단받은 본인이 보험금을 청구하는 것이 현실적으로 어려우므로 보험을 가입하고도 보험금 신청에 어려움을 겪는 상황이 발생할 수 있습니다. 이를 대비해 보험금을 대신 청구할 수 있도록 보험계약자가 미리 '대리청구인'을 지정하는 것이 중요합니다.

대리청구인을 지정해두지 않으면, 치매보험에 가입한 본인이 인지능력이 약해 보험급여를 청구하지 못할 수도 있습니다. 간혹 치매 환자가 사망한 후에 치매보험증서가 발견되어도 간병을 받을 사람이 없기에 보험급여를 제대로 받을 수 없습니다. 따라서 치매보험에 가입한다면, '보험금 대리청구인 지정'을 해두어야 합니다.

사례 국민연금의 장애연금과 재난적의료비지원 적용

유00(여, 57세)는 건강보험 가입자이고 요양보호사로 활동 중 진단으로 무직이며, 3인 가족이다. 유방암으로 진단되어 치료를 마치고 매년 점검하던 중 재발이 되었음을 알게 되었다. 실비도 면책기간인 상황에서 항암치료가 계획되었다. 재발이 되니 가족들은 한숨을 쉬면서 또 다시 경제적 어려움으로 한가족이 휩쓸리게 되었다며 속마음을 보여 환자는 너무도 힘든 상황이 되었다. 식음을 전폐하던 중 의료진에 의뢰되어 상담결과 치료비는 면책기간에 재난적의료비 지원을 받게 하였다.

또한, 60세 전으로 국민연금 장애연금으로 소득보전을 하면서 계

획된 치료를 하게 되어 경제적 부담이 크게 완화되었다. 요양보호사로 일할 때 세금과 사회보험료 등을 너무 많이 가져간다고 불평했는데, 막상 수급자가 되니 더 많이 넣었으면 어려울 때 더 큰 도움이 되겠다며 사회보장제도에 감사를 표했다.

사례 노숙인 돕기
(주민등록 말소자의 주민등록과 기초생활보장 수급자 취득 등)

천OO(남, 54세)는 중소도시 여관에서 거주하였는데, 며칠째 움직임이 없던 것을 이상히 여긴 주인에 의해 심한 복통 상태로 발견되어 가까운 병원으로 옮겨졌다. 하지만, 주민등록이 말소되어 건강보험도 없고 큰 병원 진료가 필요하여 응급실에 보내졌지만 나라로부터 어떤 도움도 받을 수 없는 실정이었다. 그는 건설현장에서 일하면서 타지생활을 하다 보니 가족과 오래 떨어져 가정불화가 있었고, 불경기로 직업을 잃고 떠돌이 생활을 하였다. 조회 결과 부인은 사망했고 사실상 가족이 없었다. 노숙인 관련 법률에 의해 말소된 주민등록을 살리고 치료비를 지원하면서 국민기초생활보장법에 의해 의료급여를 취득하고 치료를 마쳤으며 주거안정과 생계안정을 도모하였다. 현재 건강이 회복되어 건축기사 자격증을 취득하여 경제활동을 하면서 우리나라의 복지혜택에 고마워하면서 정기적으로 기부금도 후원하고 있다.

이용교

중앙대학교와 동 대학원에서 사회복지학을 전공하여 문학박사를 취득하였다. 한국복지정책연구소와 한국청소년정책연구원에서 연구위원으로 일하였고, 광주대학교 사회복지학부 교수로 재직하며, 한국복지교육원을 운영하고 '복지평론가'로 활동하고 있다.

주요 저서로 한국청소년복지의 현실과 대안(1993), 한국청소년정책론(1995), 재미있는 자원봉사 길라잡이(1996), 청소년인권 보고서(1997), 복지는 생활이다(2001), 디지털 청소년복지(2004), 디지털 복지시대(2004), 한국사회복지론(2012), 산티아고 가족여행(2012), 알아야 챙기는 복지상식(2018), 대한민국 복지상식(2020), 디지털 사회보장론(2020), 활기찬 노년생활(2020), 국민연금상식(2020), 디지털 사회복지학개론(2021), 코로나19 시대 복지상식(2021), 주거복지상식(2021), 나와 가족을 위한 복지상식(2023), 초고령사회에서 복지상식(2024), 복지사각지대 예방과 발굴(2024), 사회복지 역사와 인물(2024), 행복한 세상을 열어가는 복지상식(2025), 사람이 책을 만들고 책이 사람을 키운다(2025), 인간다운 생활을 위한 복지상식(2026) 등 50여권이 있다.

한국청소년복지학회 회장, 국제사회복지학회 회장, 글로벌청소년학회 회장, 한국지역사회학회 회장, 한국사회복지역사학회 회장을 역임하였고, 한국사회복지학회 총무위원장, 한국사회복지교육협의회 인증분과위원장, 광주광역시사회복지사협회 회장, 사회보장위원회(위원장 국무총리) 위원, 사회복지공동모금회(중앙회) 배분분과실행위원 등으로 활동하였다.

이메일 ewelfare@hanmail.net
카페 http://cafe.daum.net/ewelfare

황복순

전남 벌교에서 태어나 1985년부터 전남대학교병원에서 일하면서 광주대학교에서 사회복지학 학사와 석사를 취득하고 박사과정을 공부하였다. 2004년부터 화순전남대학교병원에서 의료사회복지사와 사회사업팀장을 역임하였고, 이후 전남대학교병원에서 환자와 가족에게 건강보험을 비롯하여 산재보험, 국민연금, 노인장기요양보험, 고용보험 등을 활용하는 방법을 안내하고 지원하였다. 또한 사회복지사와 복지활동가들에게 '병원에서 환자와 가족이 알아야 할 사회보장'을 알기 쉽게 강의하고 있다.

경제적으로 어려운 환자는 긴급복지지원으로 의료비와 생계비를 받거나, 국민기초생활보장제도의 의료급여와 생계급여를 받도록 안내하며, 소득수준에 따라 재난적 의료비지원을 받을 수 있도록 해주었다. 암환자 등 중증질환자는 환자와 가족까지 지원받도록 하고, 장기이식 환자 등은 질병에 따른 지원 재단 등의 도움을 받아 생명을 살릴 수 있도록 해주었다.

2004년부터 대한의료사회복지사협회 정회원, 2017년부터 2020년까지 광주전남지회장을 역임하였다. 매년 '주요 복지대상자 선정기준표'를 만들어 전국 의료사회복지사와 보건의료종사자에게 널리 보급하였다. 전남대학교병원에서 퇴직한 후 비오메드요양병원 대외협력실장을 역임하였고, 현재 백재활요양병원 사회복지과장으로 일하고 있다. 이 과정에서 모범직원상, 표창장, 공로상, 감사장 등을 무수히 받았다. '병원에서 환자와 가족이 알아야 할 건강보험 활용법'에 대한 강의가 필요하면 연락해주기 바란다.

이메일 bshwang6208@naver.com

알아야 챙기는
건강보험상식 제2판

저자 · 이용교, 황복순

발행인 · 이명묵
편 집 · 이현정

펴낸날 · 2026. 2. 27.
펴낸곳 · 도서출판 인간과복지
신 고 · 제2019-000007호
주 소 · 경기도 파주시 문발로 119 200호
전 화 · 02-383-0743
팩 스 · 02-382-3486
이메일 · hwbook22@daum.net
카 페 · https://cafe.daum.net/hwbook1

값 · 13,000원

ISBN 978-89-8007-234-7 03330